"一带一路"：中日陶瓷贸易发展与战略研究

吴 煜◎著

江西高校出版社
JIANGXI UNIVERSITIES AND COLLEGES PRESS

图书在版编目（ＣＩＰ）数据

"一带一路"：中日陶瓷贸易发展与战略研究/吴煜
著. --南昌：江西高校出版社,2018.11（2022.3 重印）
ISBN 978 - 7 - 5493 - 7895 - 1

Ⅰ. ①一… Ⅱ. ①吴… Ⅲ. ①陶瓷工业—对外
贸易—经济发展战略—研究—中国、日本 Ⅳ. ①F752.
658.7

中国版本图书馆 CIP 数据核字（2018）第 237073 号

出 版 发 行	江西高校出版社
社 址	江西省南昌市洪都北大道 96 号
总编室电话	（0791）88504319
销 售 电 话	（0791）88522516
网 址	www．juacp．com
印 刷	天津画中画印刷有限公司
经 销	全国新华书店
开 本	787mm×1092mm 1/16
印 张	11
字 数	176 千字
版 次	2018 年 11 月第 1 版 2022 年 3 月第 2 次印刷
书 号	ISBN 978 - 7 - 5493 - 7895 - 1
定 价	48.00 元

赣版权登字 -07 - 2018 - 1261

序

　　1877年，德国地理学家李希霍芬在他写的《中国》一书中首次使用了"丝绸之路"这一词汇代替了曾经出现过的玉石之路、佛教之路。从此，"丝绸之路"成为这条已经存在了2500多年的古代商道的通用名称沿用至今，它不仅是世界上最长的一条商道，也是东西方文化交流之路。

　　从汉代开始，中国就开辟了海、陆两条线路的对外贸易。据史料记载，罗马贵族偏爱来自神秘东方、比黄金还珍贵的丝绸服饰，而当时世界上仅仅只有中国能生产出丝绸，大量的丝绸通过海、陆两条线路运输到沿线各国。到了唐朝中后期，陶瓷制作工艺已经成熟，火烧温度已经达到1000℃以上，中国率先进入了真正的瓷器时代，这时候世界其他国家还在用低温陶器，质白坚硬的瓷器让往来的商人惊为天人，从此丝绸之路上又多了一样重要的商品——瓷器。据《唐会典》载，唐王朝曾与三百多个国家和地区相通交往，每年取道丝绸之路前来长安这个世界最大都市的各国客人，数目皆以万计，定居中国的，单广州便以千计。① 安史之乱后，唐朝日渐衰落，西域被侵，北方战乱，使得丝绸、陶瓷产量下降，商业萧条，丝绸之路上的商人越来越少。两宋时期，版图大幅缩减，西北地区已然失控，海上丝绸之路逐渐开始取代陆上丝绸之路，而此时中国的陶瓷业也达到历史上最鼎盛的时期，哥汝官定钧五大名窑八大窑系，形制优美、高雅脱俗，可以说是前无古人后无来者，在这样的社会背景下，瓷器的对外贸易发展迅速，到了明清时期，中国的瓷器更是远销到了欧洲，成为欧洲贵族皇室的专属象征品。瓷器在这一时刻在西方人眼里成了中国的代名词，中国和瓷器的英译都是同样的字母构成

---

　　① 中国在世界历史上的国内生产总值在唐代丝绸之路的繁荣时期，凤凰网，2015.1.1。

"China"，虽然在学界对此有多种解释，但是有一点是可以确定的，就是中国的瓷器在古代世界范围内影响力极大。

历史的车轮滚过了中国丝绸之路的辉煌时代，它见证了中国文化的博大精深之后，又迈向了下一站。1840 年，当列强打开中国国门，海上丝绸之路也从中国对外贸易"黄金水道"变成了列强入侵中国的掠夺之路。频繁的战乱、动荡的时局，瓷业开始日渐衰落，昔日象征着中华文明的丝绸之路也黯然失色。

21 世纪的中国再次如雄狮一样屹立在世界的东方，自 2008 年开始，我国 GDP 总量超过日本从而打破自 1972 年以来的"美国第一，日本第二"的 GDP 排位格局，之后一直稳坐世界第二的宝座。但是，当今世界正发生着复杂而深刻的变化，国际金融危机深层次影响继续显现，世界经济缓慢复苏、发展分化，国际投资贸易格局和多边投资贸易规则酝酿着深刻调整，各国面临的发展问题依然严峻。中国虽然取得了改革开放事业的巨大成就，但同时也存在着缺乏顶层设计、谋子不谋势和不注重改善国际发展环境等问题，迫切需要加强各方面改革开放措施的系统集成。以开放促改革是中国改革开放的基本经验，其成功秘诀在于通过主动融入世界市场为公司治理、政府治理，引入外部监督从而提高治理效率。但是，30 多年来无论是在宏观、中观还是微观层面，改革创造的外部监督都不是真正的外部监督，监督主体一定程度上只是治理者的化身，不是来自治理体系外部的主体，效率低下的问题仍得不到根本解决，亟待全面深化改革。① 2013 年 9 月和 10 月，由中国国家主席习近平分别提出建设"新丝绸之路经济带"和"21 世纪海上丝绸之路"的合作倡议，旨在借用古代丝绸之路的历史符号，高举和平发展的旗帜，积极发展与沿线国家的经济合作伙伴关系，共同打造政治互信、经济融合、

---

① 授权发布：推动共建丝绸之路经济带和 21 世纪海上丝绸之路的愿景与行动，新华社，2015.06.27。

文化包容的利益共同体、命运共同体和责任共同体。① 在这样的时代背景下，对于古代海上丝绸之路的研究有助于人们加深了解，更好地理解"一带一路"的发展战略，还能为未来的发展道路提供参考与借鉴。

在海上丝绸之路的众多商品中，陶瓷具有独特的意义，它是中国的象征，是通用的世界语言，是中国走向世界、世界认识中国的文化符号。在中日漫长的经贸文化交流历程中，陶瓷与丝绸、茶叶始终扮演着重要角色。在汉唐时期，丝绸之路的主要货品是丝绸，到了宋元时期，丝绸不再是中国的专属制造，丝路上的货品则开始以瓷器为主，中国的制瓷工艺在很长一段时间内都代表了世界的最高水平，是中国古代辉煌文化的重要标志之一，它的实用性与艺术性改变了东南亚人民的饮食文化，影响了各国对美的追求，是中华文明全球化的历史见证，直到古代海上丝绸之路没落之时，陶瓷都是中国对外贸易的主要商品。历史不会停留，在全球经济一体化、工业技术飞速发展的今天，中国的陶瓷业已经不再是昔日的世界第一，能否借力"一带一路"倡议充分发挥出自身的优势，是中国陶瓷业能否再创辉煌的关键。

中国和日本从地理关系上来看一衣带水隔海相望；从文明的起源上来看，中国要早于日本；在文明的发展程度上，中国也长期领先于日本。由此可以看出，日本的经济、政治制度深受中国影响，文化领域更是深深地打上了"中国"烙印。历年来，日本吸收了大量汉文明精华，融合其本土风俗习惯，逐步形成形似中土汉文明，又保留了日本文化特质的独特文明。时至今日，走在日本街头，体会日本民俗，我们依旧能从和服、茶道、和食中直观体会到这三者在异域他乡产生的巨大影响。这种源远流长的特殊关系，一直是两国学者研究的重点与热点。

佛山陶博会是中国陶瓷以及卫浴产品的市场风向标，也是世界陶瓷卫浴的中国主场。2017 年佛山陶博会，亚洲买家占总数的 67%，其中韩国买家占 14%，印度买家占 7%，而亚洲最发达的国家日本仅仅占 2% 左右。据

---

① 正确认识"一带一路"，人民网，2018.02.26。

《中国陶瓷史》记载，中国与日本的陶瓷贸易从唐朝开始，一直持续到清代，在日本的福冈、奈良、京都多地均有大量中国瓷器出土，1635年仅8月便有四艘船运往日本，共13万5000件瓷器，1637年运输了75万件瓷器到日本。虽然没有确切的数据说明出口到日本的陶瓷比例，但是中国瓷器在整个17世纪出口2000多万件到欧洲，平均200万件一年，也就是说当时出口日本的陶瓷约占出口整个欧洲的37.5%，这一数据充分说明了日本在当时是中国陶瓷对外贸易的主要买家之一。

景德镇是世界瓷都，在《浮梁县志》中有沈嘉徵《民窑行》诗曰："景德产佳瓷，产瓷不产手，工匠来八方，器成天下走。"在其他瓷区受到时局战乱影响的同时，景德镇因为地理位置优越，相对受干扰较弱，所以陶人的灵性、窑工的襟怀、世代的传承，在这片土地上从未停止，生生不息。从这方面来说，景德镇对手工制瓷技艺的掌握，在全国应该是最具代表性的。景德镇2011年全年陶瓷出口额为1.82亿元，占当年全国陶瓷出口额的1.3%。据史料记载，明清时期景德镇的青花瓷是海上丝绸之路的主要商品，目前景德镇的数据表现与其在中国瓷业乃至世界的地位是极不相称的。

在我国"一带一路"倡议提出五周年之际，中国对外贸易在全球化浪潮与贸易保护主义抬头的风起浪涌中，面临着新的机遇和挑战。读史可以使人明智，鉴以往可以知未来。即使是中国上千年历史中的明星产品，也并非在全球贸易中一直独占鳌头，每一种产品的崛起、兴盛、衰败，都受其背后更深层逻辑的影响。丝绸与茶叶的历史信息多沉寂在发黄的纸页中，而不腐不化的陶瓷历久弥新，无论埋藏在地底，还是淹没于海水，哪怕变成碎片，也依旧承载着看得见、摸得着的历史文化信息，始终为后来的研究者们提供较为完整的参考信息。中日陶瓷贸易的兴衰，如同一面铜镜，为我国新时代国际贸易的发展提供了历史的借鉴。

目　　录

第一章　绪　论

1949 年中华人民共和国成立,因为之前的战乱,国内大量的产业结构遭受严重的破坏。1978 年改革开放后,制瓷业开始复苏。自 20 世纪 70 年代末开始,随着世界水下考古事业的发展,在以往中国历代瓷器外销出口的航海路线上,陆续发现了一些沉没的商船,而上面那些装载的中国瓷器也浮出水面,出现在拍卖会、古董行中,在世界上再次掀起了一股东方瓷器热潮,随之国内也开始逐渐关注外销瓷器的烧造和贸易情况。如今,我们可以看到许多关于中国瓷器的拍卖会、展览会,这些现象也证明了中国外销瓷器又再度受到世界的重视。国内陶瓷工业也在逐渐复兴与成长,随着国家之间频繁的文化交流以及价廉物美的吸引力,中国的瓷器又再度受到国外市场的青睐。同时,伴随着"一带一路"倡议的提出,国内对陶瓷博物展览也越来越重视,那一段尘封的辉煌历史也逐渐被更多人了解。

在国内制瓷产业蒸蒸日上的同时,许多问题也凸显出来。经济快速增长,人们的物质条件得到了极大改善,但同时精神层面并未与时俱进,使得社会上产生了一种现象——"炫富"。这些人花大价钱购买许多名贵的国外瓷器,以此炫耀自己的财力与品位,此举极大地打击了国内的制瓷产业,使得多年来国内的日用瓷产业只能定位于相对低端的产品,连带造成制瓷业无法提升竞争力,再加上国内制瓷业工业化水准目前与发达国家相比,依然存在一些差距,导致大众对于中国制瓷业的产品缺乏信心。针对这些现象,陶瓷行业想要搭乘"一带一路"这辆快车,必须要做出改变,重新树立国内乃至国外消费者的信心,而如何做到这些,我们可以试图从中国陶瓷辉煌的外销历史中寻找答案。

在原始社会,人类就开始了对海洋的探索,而在新石器时代,就研制了简单粗糙的陶器,这应该就是海运和陶器出现最早的时候了。中日海上交通最早可以追溯到春秋战国时期,《山海经·海内北经》中记载"盖国在钜燕南,倭北。倭属燕",这一点已经被不少学者考证过。在秦汉时期便有许多我国北方人民迁徙至日本列岛。最早用文字撰写的日本史籍《古事记》《日本书纪》中，把外来移民称为"汉人""新汉人""吴人""唐人""归化人"等。在《中日交通史》中记载"秦、汉、百济内附之民各以万计""大和国高市郡之住民，贻为喊人，他族不过十中之一二"。日本非常重视这些我国大陆移民，鼓励其中有志之士编写日本诸国国书和地方志，传授组织生产，进而又集中秦人、汉人安置国郡，给以公有田。这些开放友好的政策吸引了大量中国移民，随着移民的增多，也带来了文化的移植和交流，这对于中日文化之后的交流打下了良好的基础，也为中日未来的海上陶瓷贸易埋下了伏笔。

商代到汉代是瓷器发展的成熟期，而汉代是中国陶瓷历史上的一个转折点，彼时主要器物种类有灰陶、硬陶、釉陶、青瓷，器物表面开始广泛施釉，出现了真正意义上的瓷器，但是一般是单色青瓷，尚谈不上实用性与艺术性。唐代开始，瓷器的辉煌时代来临了，瓷器的主要产品还是单色，俗称南青北白，以北方邢窑、南方越窑为代表，但是出现了另一种非常独特的陶器——唐代三彩釉陶，其辉煌璀璨的艺术风格、绚丽斑斓的色彩、造型生动的器型极具盛唐风采。

同时，唐朝堪舆家的活动相当活跃，并开始强调方向的选择，指南铁鱼或者蝌蚪形铁质指向器及水浮磁针应运而生，成熟的航海技术、独树一帜的陶瓷技艺、文化的成功移植，使得中日两国海上陶瓷贸易日益兴盛。从宋朝到明朝末年，中国经济、瓷业一直处于世界领先的位置，海上陶瓷之路在这一时期整体而言是曲折向上的，所受的挫折无非是明朝为防止倭寇实施了长达近 200 年的海禁。明末清初，中国开始持续海禁，"无许片帆入海，违者立置重典""物产丰盈，无所不有，原不借外夷货物以通有无"，清廷虽未完全禁止海上贸易，但是无疑使得海上陶瓷贸易日渐萧条。即便如此，麦迪森《世界经济千年统计》相关研究数据显示，1820 年，清朝对外贸易在持续了近两百年的高额顺差之后，GDP 占到世界经济总量的 32.9%，直到 1840 年鸦片战争撕开了腐朽的清王朝的最后一层伪装，此后列强纷纷登陆中国，清廷一败再败，最后这条"黄金水道"彻底变成了列强们的"掠夺之路"。

第二章 中日陶瓷贸易萌芽期

第一节 时代背景

日本与中国一衣带水，自古以来便交往频繁。《魏略》上记载，倭人"男子无大小，皆黥面而文身。闻其旧语，自谓泰伯之后"。其后《晋书·倭人传》记载："日本户有七万，男子无大小，皆黥面而文身，闻其旧语，自谓泰伯之后。"《梁书·倭传》中记："倭者自云泰伯之后。"宋代司马光所撰的《资治通鉴》云："今日本又云吴泰伯之后，盖吴亡，其支庶入海为倭。"元朝时，史官金履祥在其所著的《通鉴前编》中言："吴泰伯至夫差二十五世，今日本国又云吴泰伯之后，盖吴亡，某支庶入海为倭。"而在日本的古代史书中也有相关记载，比如平安时代（公元9世纪）编撰的《新撰姓氏录》中有"松野，吴王夫差之后也"的记载；再如日本的南北朝时代（1336—1392），禅僧中岩修在他的《日本纪》中说："国常立尊为吴太伯之后。"这种相关记载非常多。我们虽然不能肯定说"吴太伯"就是天皇的祖先，但泰伯的子孙确实有许多成了日本人的祖先。除了吴人，还有越人、齐人，可能也有不少人因战争而流亡日本。

重视"鱼盐之利"的齐国历来重视造船业，早就是一个海上强国了，"齐景公（公元前547—前490）游于海上而乐之，六月不归"。六个月的航程足以从渤海绕过山东半岛到黄海，巡视齐国当时的全部海疆，也足以从山东半岛沿黄海经过辽东半岛到达朝鲜半岛西部海滨。至于南国水乡的吴越，"水行而山处，以船为车，以楫为马"，造船业显然更胜一筹。吴国敢于北上与齐国争霸，仰仗的就是强大的水军。伍子胥为吴国训练的战船有"大翼、小翼、突冒、楼船、桥船"等许多种类，都是攻击型战舰，具有很强的战斗力，"大翼者当陵（陆）军之重车，小翼者当陵军之轻车，突冒者当陵军之冲车，楼船者当陵军之楼车，桥船者当陵军之轻足骠骑也"。同样，越国能在争霸战争中击败吴国，倚仗的就是"死士八千人，戈船三百艘"，而越国大夫范蠡在助勾践灭吴后，即"与其私徒属，乘舟浮海以行，终不反"。

由此可见，早在春秋战国时期，我国就有很高超的造船技术，且造出来的船可以到达日本。除了史料记载，遗址也可以佐证这一点。据专家对 1975 年前后发现的广州中山四路秦代造船工场遗址和南越国宫署遗址研究推测，当时的工厂可造出宽 8 米、长30 米、载重 50—60 吨的木船，已经可以近海航行。据《汉书·地理志》记载："自日南障塞、徐闻、合浦船行可五月，有都元国，又船行可四月，有邑卢没国；又船行可二十余日，有谌离国；步行可十余日，有夫甘都卢国。自夫甘都卢国船行可二月余，有黄支国，民俗略与珠厓相类。其州广大，户口多，多异物，自武帝以来皆献见。有译长，属黄门，与应募者俱入海市明珠、璧流离、奇石异物，赍黄金，杂缯而往。所至国皆禀食为耦，蛮夷贾船，转送致之。亦利交易，剽杀人。又苦逢风波溺死，不者数年来还。大珠至围二寸以下。平帝元始中，王莽辅政，欲耀威德，厚遗黄支王，令遣使献生犀牛。自黄支船行可八月，到皮宗；船行可二月，到日南、象林界云。黄支之南，有已程不国，汉之译使自此还矣。"《后汉书·东夷传》记载，后汉光武帝建武中元二年(57 年)"倭奴国奉贡朝贺，使人自称大夫，倭国之极南界也。光武赐以印绶"。《三国志》卷三十《乌丸鲜卑东夷传》中记载："倭人在带方东南大海之中，依山岛为国邑。旧百余国，汉时有朝见者，今使译所通三十国。"由此可见，早在汉朝，中日海上运输就已经开始启航，而后一直持续发展，汉代中国的养蚕技术和丝织业非常发达，远胜其他国家，当时的贸易商品主要是丝绸，但由于各方面条件的局限性，中日海运还需在乐浪、带方两郡(朝鲜半岛中部以西一带)周转，此时中日海上贸易开始萌芽。

在国际贸易中，文化差异非常重要，这些文化层面包括特定的社会意识形态、组织结构和制度等，其中最主要的是意识形态方面，即政治、法律、艺术、道德、哲学、宗教等。不同国家由于历史传承和文明演绎的差异，在意识形态上有着很大的差别，有的国家在意识形态的主要方面甚至是对立的，而中日两国的贸易开始却不存在这些问题，这也是中日海上陶瓷贸易之路日后兴盛的重要原因。

公元前 2 世纪前后，大陆移民不断进入日本列岛。最早用文字撰写的日本史籍《古事记》《日本书纪》中，把外来移民称为"汉人""新汉人""吴人""唐人""归化人"等。大陆移民移居日本列岛主要可分为四个时期，即秦汉时代——发轫期；魏晋南北朝时期——高潮期;隋唐时代——持续期;宋明时代——终结期。在司马迁的《史记·秦始皇本纪》中有这样一段记载:"齐人徐市(徐福)等上书,言海中有三神山,名曰蓬莱、方丈、瀛洲,仙人居之。请得斋戒,与童男女求之。于是遣徐市发童男女数千人,入海求仙人。"那么,徐福求药寻仙最后去了哪儿呢?据《史记·淮南衡山列传》记载,徐福最后到达"平原广泽"之地,竟"止王不来"。据说,这"平原广泽"是今天日本的九州。虽然日本官撰的《日本书纪》《神皇正统记》等正史对徐福家世未予记载,但是山梨县富士吉田市宫下义孝先生家藏《宫下富士古文书》(又名《徐福古问场》)却对徐福家世记之颇详,并且在日本学术界,有很多研究徐福事迹的文章、著作和专著,都确认了徐福寻仙到达日本并对日本发展有较大贡献。

在魏晋南北朝时期,中原人民为躲避战乱,大规模迁徙至日本群岛,形成两次日本史书称之为"归化人"赴日的高潮。主要祸根是西晋末年"八王之乱"所引发的百年内战(史称"五胡乱华"),长期极其残酷的民族仇杀使大陆汉族人尤其是中原的衣冠望族不堪忍受,他们开始了向四周大规模迁徙的浪潮:主要是南迁江南,其次是由东北逃向朝鲜半岛,南北两路难民都有相当多的一部分最后去了日本。在《古事记》和《日本书纪》等日本早期史书中,对这段时间大量来自大陆的归化人到达日本有着非常详尽的记载。在日本文书中常被提到的汉族"归化人"的代表,有弓月君(秦氏)、东汉直(刘氏)、西文首(王氏)等人。他们大都是来自朝鲜半岛的汉族"归化人",有一个共同的特点,那就是,这些人常常自称为秦始皇或汉高祖的后裔。例如,弓月君及其所率领的秦人,自称为秦始皇的后裔;阿知使主及其儿子都加使主率领的汉人,自称为汉灵帝的后裔;身狭村主青又自称为孙权的后裔;再晚些如司马达止等则自称为南朝司马氏的后裔等。

据《古事记》和《日本书纪》所载,大约在公元4世纪初,弓月君率其部民一百二十县(或一百二十七县)归化日本。这是后来被称作秦氏一族的来源。公元5世纪中后期雄略天皇在位时,收集秦氏遗族,共得九十二部一万八千六百人,赐其首领名为酒公。由于秦氏一族具备组织养蚕制丝业、农田水利和土木工程的能力,非常受到倭王的重视。几代累积后,秦氏一族不乏豪族、得力官吏,进入了高级统治集团,由倭王赐姓"直",成为日本古代重要的姓氏巨族之一。

刘姓作为两汉皇族,也是此时到达日本的汉族归化人的主力。历史上最有名的开拓日本的刘姓人物，是今天日本原田、高桥、大藏等家族的共同祖先阿知王。阿知（也写作阿智）王是东汉最后一个皇帝汉献帝的玄孙。日本原田家族族谱《大藏朝臣原田家历传》称，阿知王是汉献帝的玄孙。当年曹氏灭汉建魏，汉献帝刘协被曹丕贬为山阳公，建都山阳郡下的浊鹿城（今河南省修武县东北）。阿知王在这时也随东汉皇室遗民从洛阳徙居浊鹿。后来，司马氏灭魏建立西晋，太康十年（289 年），刘阿知见当时天下混乱之象已生，便于五月初一召集旧臣商议对策，"我久在此地，恐有覆灭之祸，闻东国于日本，有圣天子"，遂决定率其家族东渡，漂洋过海，几经周折，到达日本后，被日本天皇赐号东汉使主，奉命定居于大和国高市郡桧前村。据记载，当年随阿知王来日本的，还有段姓、郭姓、李姓、多姓、皂姓、朱姓、高姓 7 个姓。阿知来日本后，又奏请日本天皇，派遣使者前往高丽、百济、新罗等国，将许多流落在这些地方的同乡族人招来日本。因人多地狭，日本天皇政府又将他们分置各地。日本大化《新撰姓氏录》记载，阿知使主的儿子刘贺都，后被日本雄略天皇赐姓为"直"，子孙因此以直为姓。刘贺都有三个儿子山木直、志努直（一名成努直）、尔波伎直。其中，山木直又是日本民忌坟、桧原宿祢等 25 个姓氏的共同祖先。尔波伎直则是山口宿祢等 8 个日本姓氏的共同祖先。志努直的后裔后来也衍生出数十个日本姓氏。阿知使主一族在手工业中的业绩显著，其中一些人逐渐成为倭王政权中的中下级官吏，进而变成"官人豪族"，成为日本古代社会一支不可忽视的力量。

西文首氏是另一个归化汉族集团，他们中的一些人至日本群岛的时间可能略早于秦氏和东汉直氏。据《古事记》和《日本书纪》载，百济王命阿知吉师（或阿直岐）去日本，赠送倭王牡马和牝马各一匹以及刀、镜等礼物。因阿直岐懂中国的经典，倭王令其教太子菟道稚郎子读中国典籍。一天，倭王问阿直岐，是否还有比他更懂中国典籍的人？他回答说：有。王仁比他更懂中国典籍。于是，倭王派使者去百济召请王仁。王仁应召来到日本，同时携带《论语》十卷、《千字文》一卷。这就是关于王仁的传说。王仁为中日两国的文化交流做出了贡献，后来在传说中逐渐演变成为西文首的首领。王仁与乐浪郡的王氏一族有些渊源，乐浪郡的王氏一族原是山东半岛的巨族大姓，因避战乱迁至乐浪郡，并在那里做过郡守。其后裔中知识分子很多，担任过历代乐浪郡的各种官职。在公元 313 年乐浪郡被高句丽攻占后，其中一部分人移居于百济。王氏的后裔从百济再迁移至日本。因所居之地靠近河道，故和船运、物资的收藏、管理、搬运等工作发生联系。经过长期的发展,这一族也形成拥有姓氏的地方豪族。他们居于大和的西部,为和东汉直姓归化汉人相区别,遂称为西文首氏。

这样,秦氏、东汉直氏、西文首氏等归化汉人,以其大量的经济活动,逐渐形成地方姓氏大族,进入倭王政府,成为日本统治阶级的组成部分。

此时,移居于日本群岛的汉族,远不止上述三族。据9世纪初日本天皇政府编纂的《新撰姓氏录》所载,在天皇政府中有一定政治地位的氏中,在京城、山城、大和、摄津、河内、和泉等地区收集起来的归化人系统的氏有324氏(其中一部分是汉族),约占日本全部氏的30%。这30%的归化人虽然不全是汉族,但汉族所占的比例不会小。

这些移民的到来不仅给日本输送了大量的人口、生活技能,而且他们也把当时相对先进的中国文化带到了日本,使得日本倭王对中国产生了浓烈的兴趣。贸易活动产生的前提是有地区性和区域性的存在,地区性和区域性的划分是一个政治性的划分,区域性的确定在古代政治的框架下形成了不同的文化环境,在原有的生产力不同和经济生产活动不同的前提下,文化的区域界定进一步使地区间生产的差距和种类扩大,在不同部落间的交换就有必要在生产剩余的条件下产生,贸易就得到产生和发展。

汉代,中国与日本的交往便有了翔实可靠的资料记载,《汉书·地理志》说:"夫乐浪海中有倭人,分为百余国,以岁时来献见云。"又说:"倭人在带方东南大海之中,依山岛为国邑。"①以上两条史料证明了在西汉时期便有日本使节来朝见,但当时的日本列岛还是由许多小部落构成,并未形成统一的国家,所以还不能算如今意义上的中日建交。直到东汉光武帝中元二年,日本使者到东汉都城洛阳觐见光武帝,提出建交请求,光武帝接受并赐其"汉倭奴国王"金印以及礼品,才标志着中日两国政府间关系正式建立。

此后中日两国虽各有朝代更替,但是一直来往频繁。进入隋朝后,中日交往有了进一步的发展。当时日本已进入飞鸟时代,推古女王即位,圣德太子摄政,后者为使日本摆脱当时的社会危机,大力推行改革,不断派遣"遣隋使"来中国学习优秀文化。据史料统计,在推古天皇十五年到二十二年的七年中,日本先后三次派遣遣隋使来到中国,随同这些遣隋使一同来到中国的还有许多留学生和学问僧,他们积极吸收中国的优秀

---

① 《汉书》卷二十八下《地理志》八下,北京中华书局1962年版,第1658页。

文化特别是佛教文化,后来这些人很多成为大化改新的骨干力量。在日本派遣遣隋使的同时,隋炀帝也于大业四年(608 年)派遣裴世清作为使者对日本进行回访。隋王朝虽是一个统一王朝但毕竟只存在了 37 年,取而代之的唐王朝创造了相当高度的物质文明,农业、手工业和商业经济都十分发达。《旧唐书·本纪九》中记载"其时频岁丰稔,京师米斛不满二百,天下乂安,虽行万里不持兵刃",加之唐玄宗崇尚百家争鸣,激励了文学艺术的自由发展,相对自由的学术氛围促进了各种学术成就的发展,在诗、书、画各方面涌现了大量名家,如诗仙李白、诗圣杜甫、诗魔白居易、书法家颜真卿、画圣吴道子、音乐家李龟年等,当时的文明达到了空前的高度。而当时日本正处于大化改新的前夕,其统治者非常渴望得到唐王朝先进的政治、经济和社会管理经验来指导自己国家的变革,因此他们按照早期派遣"遣隋使"的做法,向唐朝派遣"遣唐使",希望以此方式与大唐王朝建交并学习先进的唐文化。

唐朝的文明让每个抵达长安的外国人都惊叹不已,长安城总面积 84 平方千米,常住人口 100 万。而同一时期欧洲有 2 万人口的城市就已经很了不起了,古罗马城也只有长安的 1/5,此后上千年,长安一直是人类建造的最大都城。管理统治者把长安城划分成了 108 个长方形,称为 108 坊,这就是著名的棋盘式城市格局,这种格局犹如一个方块形的居住小区,对国外产生了巨大的影响,尤其是和中国一衣带水的日本。如果说唐以前中日航海活动的主要目的是移民或者遣使通好和贸易的话,那么唐代则要加上对东方文明的朝拜了。这种朝圣的力量极大促进了中日的海上贸易,最开始的这种贸易主要是"朝贡回礼",即通过两国官方使节的往返,以礼物赠答的贸易方式进行交换。日本自唐太宗贞观五年(630 年)起至 894 年先后委任了 19 次遣唐使节,其中有 3 次未能成行,所以最终是 16 次。初期的遣唐使团大约有两艘船,100—300 人;到了后期,最多的时候有四五艘船,近 800 人。当时的中日物资交流主要有两种形式,第一种是朝贡回礼,第二种则是使者个人市场交易。

当时遣唐使船所载物资均有明确规定,据《延喜式》卷三十《大藏省》记载,贡品主要有"大唐皇,银大五百两,水织绝、美浓绝各二百疋(匹)。细绝、黄绝各三百疋,黄丝五百钧,细屯绵一千屯;别送彩帛二百疋、叠绵二百帖、屯绵二百屯、苎布卅端、望陀布一百端、木棉一百帖、出火水晶十颗、玛瑙十颗、出火铁十具、海石榴油六斗、甘葛汁六斗、金漆四斗"。这些赠送大唐天子的礼品,都是日本当时的精品,虽然可能不是贡品的全部，但相对当时的日本国力来说也非常可观了。无论哪种情况，日本都会自唐得到相同或者比这更多的回赐礼品。在唐皇高兴的时候，还特派押送使押送这些回赐礼品去倭奴国。唐代宗大历十三年（778 年），太监赵宝英作为押送使去倭奴国。倭奴国朝廷官吏称这些回赐礼品为"国土宝货"。仁明天皇承和六年（839 年），遣唐使带回的回赐礼物和向唐天子要求的，需要"差检校使，取陆路递运"至京，可见绝非少量。除了这些官方贸易，日本使团的人员还会携带较多物品，从《延喜式》卷三十《大藏省》记载上看：大使"绝六十疋、绵一百五十屯、布一百五十端"，副使"绝四十疋、绵一百屯、布一百端"，判官"绝十疋、绵六十屯、布四十端"，录事"绝六疋、帛四十屯、布二十端"，留学生、学问僧"绝四十疋、绵一百屯、布八十端"。

如果遣唐使团人数在 300 人以上的话，这些物品总数就超过了贡品，这些物品除了作为旅费，还有就是作为交易之用，主要是为了让遣唐使成员在中国作为旅费或交易之用。虽然唐朝限定了外国人的交易场所，但是这些限定完全抵挡不了他们购物的热情。《入唐求法巡礼行记》中多有记载，例如"长判官慊从白鸟、清岑、长岑、留学等四人为买香药等下船到市，为所由勘追，舍二百余贯钱逃走。""大使慊从粟田家继先日为买物下船往市，所由捉缚。""射手身人部贞净于市买物，先日被捉，闭缚州里，今日被放来，又不失物。"

这些货品返回日本后，首先用于祭祀祖先，而后供达官贵人购买，在《续日本后纪》中便有如下记载："是日（十月二十五日），建礼门前张立三幄，杂置唐物，内藏寮官人及内侍等交易，名曰宫市。"

直到晚唐以前，遣唐使贸易一直是日本对唐贸易最重要的形式之一。由于当时日本的造船技术不发达，日本国内的商人又没有足够的商业资本横跨大海来中国进行直接贸易，因此，乘坐遣唐使的船只到中国进行贸易便成了日本商人来中国贸易的最主要形式。唐代中前期，由于日本频繁派遣遣唐使，以遣唐使船只为依托的中日海上贸易异常繁荣。但是，由于派遣遣唐使耗资巨大，日本政府渐渐感到无力支撑，再加上由于受当时造船技术所限，遣唐使的船只经常遭遇海难发生事故，更为重要的是，唐朝在安史之乱以后，政治混乱、经济凋敝、国力衰落、社会动荡不安，曾经统一强盛的大唐王朝已经一去不复返了。因此，日本方面也逐渐减少了遣唐使的派遣次数，承和五年后再未派遣遣唐使来到中国。宽平六年，日本天皇更是下达了终止派遣遣唐使的诏令。但遣唐使的终止并不意味着中日贸易的断绝，中国商人开始以私人身份赴日贸易。据日本学者木宫泰彦统计，承和六年至延喜七年，日本与唐之间往来商船达 37 次。① 这足以说明当时中日之间贸易往来是十分频繁的。

当时从事中日民间贸易的商人有唐商人、新罗商人、渤海商人、日本商人，但主要是唐商人和新罗商人。据《日本后纪》《日本纪略》《续日本后纪》《入唐求法巡礼行记》等史籍记载，在 814 年至 847 年，11 次记载了新罗商人的名字。唐商人在日本史籍中出现，最初是与新罗商人相伴赴日的。如 819 年，唐人张觉济与新罗人王请同船从唐海岸出发，最后抵达日本出羽国。此事在《入唐求法巡礼行记》中有记载："新罗人王请来相看，是本国弘仁十年流着出州（羽）国之唐人张觉济等同舰之人也。申云：为交易诸物，离此过海，忽遇恶风，南流三月，流着出州国。"② 同年 6 月，唐商人周光翰、言升则等乘新罗船赴日。大多数情况下，唐商人多是独自乘船东渡日本的。据日本史籍所载，从公元 834—919 年中有明确记载的唐商人就有三十多人，史籍中仅记载了这些商人初次抵达日本的记录，但是从正常经商方式不难推断出这些人应多次往返于中日两国，这些数据应该可以比较明确地说明当时中日贸易的繁盛程度。

从唐运输到日本的商品种类非常丰富，从日用品、奢侈品到书籍、佛教用具等，应有尽有。关于具体的货物，成书于平安时代中期的《新猿乐记》一书中记录了如下物品：沉香、麝香、衣比、丁子、甘松、薰陆、青木、龙脑、鸡舌、白檀、赤木、紫檀、苏芳、陶砂、红雪、紫雪、金益丹、银益丹、紫金膏、巴豆、雄黄、可梨勒、槟榔子、铜黄、绿青、燕紫、空青、丹朱砂、胡粉、豹虎皮、藤、茶碗、笼子、犀牛角、水牛如意、玛瑙带、琉璃壶、绫锦罗、吴竹、甘竹、吹玉。从中可以看出，主要货品有四大类：一是中国产的香料、中药、丝绸织物；二是中国产的中药材和中药成品；三是中国产的生活必需的碗等陶瓷器具；四是产于南亚、西亚等地，由唐转口的香料。

---

①　胡锡年译，木宫泰彦《日中文化交流史》，商务印书馆 1980 年版，第 109—116 页。
②　圆仁《入唐求法巡礼行记》，花山文艺出版社 1992 年版，第 95 页。

第二节　中国陶瓷发展

中国瓷器源远流长,最早可追溯至公元前 14 世纪、殷商王朝的中期。当时的制瓷技术才刚刚起步,制陶工匠在烧造白陶和印纹硬陶的过程中,烧造出原始瓷,此时的原始瓷可以说是陶器向瓷器过渡的产物。而到了汉代,中国就开始出现少量的原始瓷,但是中国的瓷器技术日臻成熟是在唐代。

唐代处于中国封建社会的鼎盛时期,经济繁荣,国势强盛,以其先进的生产技术和多样的文化艺术感染着世界。唐代在秉承中国华夏传统文化的精髓的同时以博大的胸怀和海纳百川的磅礴气势吸收着一切外来文明的新鲜血液。通过丝绸之路的经贸往来,唐代中国和世界其他地域发生着深层次的文化交流,不断吸收、融合、变化,逐步呈现出崭新的盛唐文化。在这股全方位、多层次的中西文化交流大潮中,陶瓷作为一种与唐人生活息息相关的制品,显得尤为突出。唐代陶瓷业在工艺上、器型上、装饰上的进步远超前代。由于整个制瓷业技术的提高和改进,大量瓷窑出现,而在所有的窑口中,以南方烧造青瓷的越窑(今浙江余姚)和北方烧造白瓷的邢窑最受人们推崇,大体形成了"南青北白"的局面,越窑的青瓷和邢窑的白瓷代表了当时瓷制品的最高水平,同时著称于世。陆羽《茶经》这样评价:"邢瓷类银,越瓷类玉""邢瓷类雪,越瓷类冰"。皮日休《茶中杂咏·茶瓯》写道:"邢窑与越人,皆能造兹器。圆似月魂堕,轻如云魄起。"段安节《乐府杂录》记载,唐大中初年,有调音律官郭道源者,"善击瓯,率以越瓯、邢瓯共十二只,旋加减水于其中,以箸击之,其音妙于方响。"李肇《国史补》中说,"内丘白瓷瓯,端溪紫石砚,天下无贵贱通用之。"从唐代这些文献记载可知,唐代邢窑生产的白瓷,其质量是十分精美的,釉色洁白如雪,造型规范如月,器壁轻薄如云,叩之音脆而妙如方响,根据其釉质和胎质,烧成温度达到了 1380℃以上,是真正的瓷器了。同时,因其数量增多,又因其物美价廉,除为宫廷使用,还畅销各地为天下通用。除了青、白瓷,唐代还有一陶瓷工艺的创举——唐三彩,全名唐代三彩釉陶,斑斓绚丽,极具艺术韵味。

越窑是中国古代最知名的瓷窑之一,历史悠久,主要分布在今天的上虞、慈溪、宁波等地;产品种类丰富多样,主要有碗、盘、洗、盘口壶、注子、罐、盒、唾壶、盏托、套盘、净瓶等十几种。这些窑场集中分布在浙北宁绍平原，周围河网密布、水陆交通便利，所以交通优势十分突出。向西可通过浙东运河到达杭州，再通过京杭大运河运往全国各地；向东可直达明州港，再由宁波远销海内外；向北直接进入杭州湾，从海路运输。交通的便利为越窑青瓷在海内外的传播奠定了基础。由于销量不断增加，对应的生产规模不断扩大，燃料危机逐渐加重，烧造技术退步，产品质量下降。为了弥补相关缺陷，越窑青瓷从最开始以釉色为主的装饰手法开逐渐辅以贴塑、堆塑、镂空，到唐代中晚期时开始加上刻花装饰，但是整体还是以素面为主。五代时期，装饰范围扩大，技法进一步丰富，除

唐代越窑青瓷水丞和青瓷香炉

了镂空、刻花题材越来越多，还出现了褐彩、扣金银等装饰技法。这些装饰技法的发展固然是技术的进步，但同时也喧宾夺主使得越窑青瓷失去了原本的意蕴，变得十分平庸。

白瓷始烧于北齐，在隋代有较大的发展，到唐代已臻成熟。从已发表的考古资料得知，唐代北方烧白瓷的窑口很多，经正式调查和发掘的窑址有十余处，除古文献记载的内丘邢窑和巩县（今巩义市）大小黄冶窑，还有河北曲阳窑，河南安阳窑、鹤壁集窑、陕县窑、密县（今新密市）窑、登封窑，山西平定窑、浑源窑，陕西铜川耀州窑，安徽白土窑等。唐代北方白瓷生产发展很快，产量与日俱增，打破了长期以来青瓷一统天下的局面，在陶瓷生产中形成了"南青北白"的新格局。唐代白瓷有粗细之分，粗白瓷胎土不经洗练，含杂质较多，胎体厚重，施半截釉。细白瓷胎体多经洗练，杂质少，胎质细腻，胎体较薄，通体

唐代邢窑白瓷梅瓶和罐

施釉。北方白瓷以邢窑产品质量最好，关于邢窑的记载唐代颇多。段安节《乐府杂录》记乐师郭道原："率以越瓯、邢瓯共十二只，旋加减水，以箸击之，其音妙于方响。"这段文字说明邢窑白瓷质量好，胎骨致密可作为乐器。李肇《国史补》载："内丘白瓷瓯，端溪紫石砚，天下无贵贱通用之。"邢窑白瓷不但质量好，其生产规模亦很可观，可见其生产、销售十分畅通，深受人们喜爱。唐代白瓷的蓬勃发展，无形中打破了中国社会上长

唐代邢窑白瓷盖罐

期以白色为不吉利的陈旧观念，天下无贵贱通用之的事实，使得白瓷开始不再单纯用于墓葬。唐代白瓷以素面居多，有花纹装饰的较少。随着制瓷工艺的成熟以及观念的转变，唐代白瓷在造型与装饰工艺方面亦有较大的发展，取得了显著的成绩，形成了一种与众不同的文化气质。造型设计不墨守成规，出现了一批仿金银铜器造型器物，如凤首瓶、花口水注、花口碗、环耳杯、高足杯、长颈瓶、净瓶、蟠龙博山炉等，这些精美瓷器造型优雅，工艺成熟，做工精湛，倍受人们青睐。

日本博物馆藏唐三彩骆驼

唐三彩始烧于唐高宗时期，是低温釉陶类，制作工艺较同时代的制瓷工艺更复杂，工序大致分为六步。首先是选择胎料，三彩器以器物造型及釉色取胜，故对胎质要求不精，胎质中常含有石英颗粒等杂质。有些大型马、骆驼、俑等为增加抵抗变形能力，适量加入细砂。其二，三彩器的成型方法是依据不同的器物造型选择不同的技法，碗、盘等容器采用轮制拉坯成型。俑、小型动物和玩具多采用模制成型。大型人、动物及建筑模型多采用合范套制和雕塑粘接等技法成型。三是素烧坯，三彩器需重复施釉，釉层厚，为加强胎体承受能力，使坯坚固耐用，素烧坯的温度高一些，有的可达1000℃。四是挂釉，在素烧坯上根据构思调制釉料，然后施釉及点彩。五是低温烧釉，因釉中含铅，在900℃氧化焰中釉药自行熔化、扩散、流动、浸润，形成既有匠意组织，又自然流淌，俏丽妩媚，姹紫嫣红的美妙色彩。六是开相，在人、动物俑的面部不挂釉，烧后涂唇，以墨画眉、眼、发、鞋、帽，以增添陶俑形态之神韵，有画龙点睛之功效，它是融雕塑、绘画、陶艺等多种技法于一炉的艺术结晶，有极高的艺术价值。其主要用途也是墓葬，是唐代厚葬之风的产物，器型达百种，根据用途可分为五类生活用具类、文房用具类、俑类、模型类。这些三彩器艺术成就颇高，生活用具类造型典雅，尺寸大小当与实用器相当。唐三彩镇墓兽采用夸张手法，人面兽身，龇牙咧嘴，咄咄逼人，极具艺术感染力，而人物俑写实性强,将不同性别、不同年龄、不同阶层人物的精神风貌,通过衣着服饰,面部刻画得生动活泼,不千篇一律。据考古调查发表资料,在河南巩县(今巩义市)大小黄冶村、河北内丘城关、陕西铜川耀州窑和山西长治地区都发现有烧唐三彩器的窑址。

唐三彩盛行于武则天至唐玄宗时期,流行时间虽短,但传世及出土数量之多,不亚于同时代的青瓷和白瓷,并且在公元 7 世纪末 8 世纪初,唐三彩作为商品,与瓷器和丝织品一道通过陆路和海上"丝绸之路"销往西亚、北非、印尼、日本、朝鲜等国家和地区。据《唐六典》载,当时有近三百个国家和地区与唐王朝建立了友好关系,这些国家和地区出土中国陶瓷等文物便是往来的见证。受唐三彩工艺之影响,公元 9 世纪的伊朗、埃及、朝鲜、日本等国也先后烧造出自己本国的精美低温彩釉陶"波斯三彩""新罗三彩""奈良三彩"。

日本博物馆藏唐三彩人物俑

第三节　中日陶瓷贸易概况

根据史载,唐朝的中日海上陶瓷之路的贸易方式主要有两种,在公元 630 年到公元 838 年主要是朝贡贸易,公元 894 年朝贡贸易完全中止,以海商为主体的民间贸易随之兴起。

（1）朝贡贸易

公元 630 年至公元 894 年，日本共派出遣唐使团 19 次，其中成行 16 次，根据其派遣目的划分为：迎接唐使 1 次、欢送唐使 3 次、专门从事外交事务 12 次①。

遣唐使团的人员构成，官员有正使、副使、判官、录事。使团成员除约半数的航师、水手，还有主神、卜部、阴阳师、医师、画师、乐师、译语、史生，以及造舶都匠、船师、船匠、木工、铸工、锻工、玉工等各行各业的佼佼者。随行人员中，还有不少留学生、学问僧。初期遣唐使团，仅有一两艘船，人少时 120 人，多时 250 人左右。中后期遣唐使团船数一般为四艘，人数 500—600 人，最多时达到 794 人。由此可以看出，使团规模的庞大。日本派遣遣唐使的目的有三：一是构建与唐的外交关系，在东亚确立自己的政治地位；二是吸收先进的唐文化，建设律令制国家，树立天皇的权威；三是通过使团的派遣，输入中国的物品，以满足皇室和上层贵族奢侈生活的需要。遣唐使时期的日唐物资交流，主要有两种形式，一是遣唐使以天皇的名义，向唐皇呈送具有日本本土特色的产品，并从唐皇那里获得丰厚回赐的"朝贡贸易"；二是使团成员个人在唐都和地方市场上的交易。

遣唐使团回到日本以后，首先将唐皇的回赐礼品呈上朝廷。朝廷接到唐物后，将部分唐物奉祭于诸先帝陵前，然后分赐给皇族、后宫。遣唐使团成员携回的个人交易物，要首先在贵族和官员之间贩卖，宫内设立"宫市"就是一例。至于遣唐使团成员回国后在日本民间交易唐物的情况，不见史籍记载。但是地位低的一般使团成员和水手们携回的唐物，同样也会进入京城的市中交易。

（2）民间贸易

9 世纪末时，由于日本中央财政有限、无法维持遣派使者的费用，加之唐朝战乱、王权衰落、经济衰退、民间海商愈加活跃等多方面的原因，官方朝贡贸易停止，民间贸易取而代之。当时从事中日民间贸易的商人以唐朝商人、新罗商人为主，渤海商人、日本商人次之。在史籍中从公元 814 年—847 年的短短 33 年间，就有十多个新罗商人从事中日贸易，而从公元 834 年—919 年，有明确记载的唐商就有三十多人，史籍中仅记载了这些商人初次抵达日本的记录，但是从正常经商方式可以推断出这些人应多次往返于

---

①　木宫泰彦《日中文化交流史》，商务印书馆 1980 年版，第 63—72 页。

中日两国,这些数据应该可以比较明确地说明当时中日贸易的繁盛程度。货物品种在日本平安时代中期的《新猿乐记》一书中有明确记载,主要是香料、丝绸、中药、日用陶瓷碗、茶具。日本发现的白瓷遗址有 50 多处,主要分布在奈良、京都、千叶、富山以及福冈等,青瓷遗迹则有 125 处(见于龟井明德《日本出土的越州窑陶瓷器诸问题》),遍布九州、关西、山阳道、东国等地,光九州太宰府便发掘出了六百多件越窑瓷片,由此可见中日两国在唐朝时期的陶瓷贸易是比较频繁密切的。

(3)航海路线

唐代中日海运,大致可分前后两个时期,前期是日本派出的遣唐使舶,以日本船和新罗船为多,所走航程多以北线居多,此线虽然可避黄海的风浪,但航程远、时间长。后为避开新罗改走南线,但因船舶与航海技术的限制,往往被东海或黄海的风浪所害。因此,中日海运后期多改用唐人驾驶的唐舶,多采用直接横渡东海的方式,逐渐掌握了最近、最便利的中日航线。

早期:朝鲜半岛⇌辽东⇌渤海⇌山东半岛

据《日本书纪》载:白雉二年二月,遣大唐押使大锦上高向玄理、大使小锦下阿边麻吕、副使大山下药师惠日、判官大乙上书直麻吕、分乘二船,留数月,取新罗道,泊于莱州。遂到于京,奉觐天子。这是 654 年第三次遣唐使团所走的路线。遣唐使初期的路线大致与此相同,即从难波(今大阪)出发,经筑紫(今福冈)、春岐、对马、济州岛,沿朝鲜半岛,渡过渤海湾,至山东半岛的登州(今莱州),然后从陆路经青州、兖州、曹州、洛阳,抵达长安。此路线称为北路线。

中后期:冲绳/长崎⇌宁波

《新唐书·日本传》载:"新罗梗海道,更繇明(州)、越州朝贡。"说白了就是从日本出海后,横断东海,在长江口沿岸登陆。这种航海路线也分为南岛路和大洋路两种。关于南岛路,具体地说就是从福冈的大津浦出发,经平户岛、天草岛、萨摩岛、夜久、奄美、冲绳、久米等岛,寻找合适的机会,向西前行,直指长江口。由于安全性没有保障,在利用南岛路的同时,水手开始摸索路线短、耗时少,并且较为安全的航路。大洋路(南海路)就是继南岛路后出现的新航路。大洋路(南海路)的具体路线是:从筑紫的大津出发,至肥前国的松浦郡值嘉岛,然后从值嘉岛西折,渡东中国海,直指长江口。关于值嘉岛的地理位置的重要性,贞观十八年三月朝廷在研究值嘉岛由乡格为郡时,是这样评价的：值嘉岛地居海中，境邻异俗，大唐、新罗人来者，本朝人入唐使等，莫不经历此岛。①

第四节　日本出土的中国陶瓷与日本陶瓷

　　自第二次世界大战结束至1990年，日本国内共发现了8000余处陶瓷物品遗址，遗址遍布日本列岛各地，多以中国陶瓷为主，以下选取几个出土唐朝陶瓷最多的遗址进行阐述。

日本博物馆藏唐绿釉执壶

　　九州地区是遣唐使必经之地，也是遣唐使停止之后，唐和新罗商人到达之地。日本朝廷在九州设置了太宰府。根据律令的规定，太宰府除了具有管理九州地区的政治、经济、文化、边防军事等职责，另外一项重要任务是"番客、归化、检宴"等对外事务。太宰府建有接待番客的鸿胪馆，成为东亚各国使节和商人的滞留场所。9世纪前半期承和时期开始，太宰府鸿胪馆曾被作为唐客商的客房以及交易场所，而9世纪末的宽平五年之后就从史书上消失了。这一结论，是和考古发掘、遗物的发现是一致的。根据考古报

―――――――――

① 《日本三代实录》卷二十八《贞观十八年三月九日丁亥》条。

告,在鸿胪馆遗址中发现了以越州窑青瓷器为代表的中国瓷器的残片,总计约有 2500 件,包含了越州窑陶瓷器所有的种类。从质量上来看,大都是粗制品,以碎残片为主,完整的非常少,似乎是船运及交易中被废弃的破损品。

除了九州地区,京都的各大寺庙遗址也大量出土了中国的陶瓷,例如仁和寺冈堂、北野废寺、崇福寺、广隆寺、宇治市木幡净妙寺等。其中,仁和寺冈堂出土了越窑青瓷合子,日本学者小山富士夫指出,这些出土物是延喜四年建立堂时,作为地镇物被埋入地下的,属于晚唐时期的制品,使用于 9 世纪后半期。北野、崇福、广隆三寺出土物有暗绿色的釉碗、淡绿色高台釉片、蛇目高台、皿形品等,数量不多,难以断代,但是根据三寺存在的时间可以判定是唐朝产物。奈良县的大安寺是出土唐三彩陶枕最多的遗址。在 1954 年以后的多次调查中,金堂和讲堂之间的烧土层中发现了两百多片三彩陶枕的碎片,估计可复原三十件以上瓷枕。

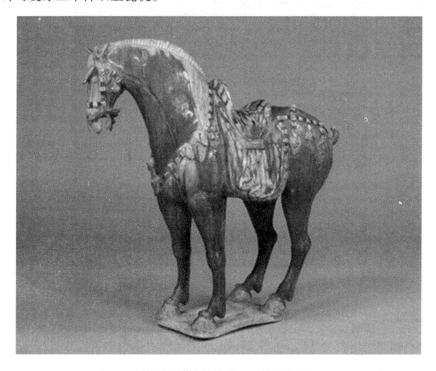

东京国立博物馆藏唐三彩袋形水注

从日本考古的数据来看,日本陶器始于 7 世纪后半期(飞鸟时代),这时出现的是以绿釉陶为代表的施釉陶器。当时外销瓷种类主要是青瓷、白瓷、唐三彩,其中越窑、长沙窑、岳州窑、湖田窑等南方窑系出产青瓷,邢窑、曲阳窑,今河南省境内的巩县(今巩义市)窑、密县容、登封窑、安阳窑,山西省境内的浑源窑、平定窑,陕西的耀州窑,安徽的萧窑等北方窑系出产白瓷，而唐三彩的产地就更多了，基本河南、陕西、河北、四川的窑口都有生产。从日本出土器物所属年代可以发现，唐三彩基本是7世纪末到8八世纪中期"朝贡贸易"的产物，大部分集中在北部九州和奈良、京都及其周边，类型包括了枕、碗、瓶、盘、壶、杯、砚等各式生活用瓷；而8世纪末期以后出土则多为越窑青瓷、北方窑系白瓷以及一些少量的其他品种瓷器，类型包括碗、盘、洗、碟、盒、杯、罐、各类型的壶等生活日用瓷。而如本奈良及平安时代的陶器大致有两类，一类是三彩和绿釉的低温铅釉陶，一类是高温灰釉陶器。前者是中国唐三彩和朝鲜半岛绿釉陶器影响下的产物，主要有以正仓院三彩为代表的奈良三彩和绿釉陶器等彩釉陶。后者则是从8世纪后半期开始，日本爱知县的猿投窑出土的高温灰釉陶器在当时被叫作"白瓷"。它们是日本最早的施釉陶瓷器。

奈良三彩

（1）彩釉陶器

彩釉陶器是在铅釉的基础上加入铜、铁、白石等作为呈色剂进而获得绿色、黄色、白色等彩釉的陶器。迄今为止的考古发掘成果表明，日本最早的彩釉陶是7世纪后半期开始出现的绿釉陶，之后才是三彩。奈良三彩的原型是中国的唐三彩。唐三彩在中国主要作为陪葬品，而在日本，三彩陶器多出土于寺院遗迹，可见其主要用作佛器。

到公元8世纪后半期，奈良三彩消失，二彩和绿彩器物成为生产的中心，但质量下降。大约在9世纪初，进入平安时代（794—1185），就只有绿釉这种单彩釉陶盛行了，产地是爱知县的猿投窑、尾北窑和山口县的长门窑。产品造型多仿金属器,也仿当时开始输入的中国越窑系青瓷,可见那时日本对金属器皿以及中国青瓷的喜爱。平安时代流行的绿釉陶到 11 世纪前半期就退出历史舞台了。

（2）灰釉陶器

灰釉陶是一种高温烧成的硬质施釉陶,釉药中含有草木灰。灰釉陶最早出现在 8 世纪后半期的爱知县的猿投窑,以须惠器的制作技术为基础发展而来。灰釉陶的产地以猿投窑为中心,从爱知县西北部一直到岐阜县南部的尾张、美浓地区,进而延伸到更远的东海地区。一开始的产品多模仿须惠器,器型有长颈瓶、水瓶、短颈壶等,也模仿中国的越州窑系青瓷。从 11 世纪末开始,猿投窑的生产对象不再是灰釉陶,而是山茶碗。但在东海地区,灰釉陶的生产一直持续到 12 世纪末。

第五节　小　结

唐朝是中华文明历史长河中最美丽的一朵浪花,相对于周边国家,它是一块文明的高地、技术的高地、人才的高地。隔海相望的日本,因白江口海战惨败,深刻地认识到与唐朝的发展差距,自公元 630 年开始,向唐朝派遣使臣（遣唐使等）称臣纳贡,拜师学艺。唐朝秉承"中国既安,四夷自服"的对外方针,支持"遣唐使"行为,并遣使者回访。双方朝贡前后延续 200 余年,在两国政府及民间产生了深远的影响。如日本在此后从经济政治制度、文化生活方式等方面,全面向唐朝看齐,文明程度大幅提升。中日民间交流广泛,鉴真东渡等著名事件即发生在这一时期。与此同时,两国民间的贸易往来也随之展开。

中日朝贡贸易持续时间较长,但由于当时受航海技术所限,最终成行的只有 16 次,如鉴真六次东渡,便有两次因海难而折返,可见两国之间海上交通的艰险。同时,朝贡贸易似乎并未带来经济上的互惠,按官方史籍记载,唐朝官方习惯按照高于贡品价值赐予礼品,且回礼种类、数量缺乏具体描述。相较而言,民间贸易则显得颇具活力,虽没有记录贸易总量,但文献显示:从 834 年到 919 年,有 30 余名唐朝商人从事中日贸易。商品种类涵盖香料、丝绸、中药,日用陶瓷碗、茶具等主流物品。购买流程也极其详尽:商人抵达日本后，先由太宰府登记审核，然后按照交易使挑选、优先购买权阶层购买、自由交易的购买权次序，有序售卖。其中优先购买权的阶层主要包括诸院、诸宫、诸王臣家、太宰府官员及城内富豪等。

在陶瓷贸易方面，根据相关学者对日本出土的陶瓷文物推断，8世纪中期是唐代中日陶瓷贸易的一个重要时间节点。在此之前，中国陶瓷输出品主要为唐三彩。目前，在日本发现相关遗址三十余处，生产年代从7世纪末期持续到8世纪中期，器型有陶枕、碗、盘、杯、罐、壶等小型生活器皿，其中以京都出土的陶瓷生产年代最早，器型为唾壶和香炉。这些陶瓷文物多集中在九州北部、奈良、京都及周边官衙、寺院。8世纪中期至唐末，中日陶瓷贸易则以越州窑系青瓷、北方窑系白瓷和长沙窑黄釉瓷为主。其中越州窑系青瓷最多，在日本共有125处遗址，多数集中在九州、关西、山阳道、东国地区的官窑、寺庙以及墓葬中；北方窑系白瓷和长沙窑黄釉瓷的遗址各有几十处，多为生活用瓷，主要分布在奈良、京都、千叶、富山以及福冈等地。结合贸易方式、出土地点、物品类型来看，当时日本消费中国陶瓷的主要是皇室、权贵、寺僧等具有较高社会地位的群体。这也从侧面反映出，中国输出的陶瓷产品，在当时属于高附加值产品，且当时日本并无相应层次的可替代商品，因此当时的陶瓷贸易市场，是属于中方的卖方市场。

公元9世纪末，因唐朝国力衰弱，朝贡贸易对日本逐渐失去吸引力。承和五年（838年）后，日本再未派遣遣唐使来华，宽平六年（894年），日本进一步下达终止派遣遣唐使的诏令，朝贡贸易戛然而止。但同时期的民间贸易，得益于贸易线路的不断优化，特别是从借道朝鲜半岛中转，演变为横渡东海的直航，贸易成本及风险大幅度降低，呈现出一派繁荣发展的独特景象。

第三章　中日陶瓷贸易兴盛期

第一节　时代背景

中日民间贸易早在唐代后期已有一定的发展,宋元时期发展便更为迅速。北宋(960—1127)时期,仅载入史籍的私商赴日贸易就有近七十次。南宋(1127—1279)时期,往返于中日之间的商船不仅有宋船,而且已经有日船,南宋后期抵达浙江沿海一带贸易的日本商船,"每岁往来不下四五十舟"。到了元代,中日民间贸易更盛于前代,盛况空前。

公元960年,赵匡胤结束了唐以后五代十国的纷争,建立了宋王朝。宋朝分为北宋、南宋两个阶段,共319年。虽在后世的评论中,宋朝积贫积弱,但是真正的宋王朝其实并不贫,甚至被誉为中国历史上最辉煌灿烂的时代。日本学者宫崎市定认为:"宋代是中国历史上最具魅力的时代。中国文明在刚开始落后西亚很多,但是这种局面逐渐被扭转,到了宋代便超越西亚而居于世界最前列。"英国科技史专家李约瑟夸奖宋代是中国"自然科学的黄金时代"。的确,宋代是个全民皆商的社会,从事商品经营者包括:官员胥吏、皇亲国戚、士人乡绅、寺庙僧尼、乡村农户、乡镇个体手工业者、行商坐贾、城镇市民、流亡人户、其他人户等。在宋人的观念中,要想致富,就要经商,"农不若工,工不若贾"的思想越来越流行。随着商品市场的扩大和进入流通市场的商品量的增加,宋代商品经济逐渐发展为规模经营,社会上开始出现一批资产雄厚的大商人。譬如有的饭店拥有50余炉,雇工达100—200人;有的金银彩帛铺,交易动辄上千万;有的布商一次可交易5000匹等。商业的经营方式有长短途贩运、产销一体化经营、行商坐贾联营、批发零售结合以及包买包卖预买预卖等类型。宋代是一个全民皆商的社会,所以宋朝只是弱而并不贫,伴随着商业经济社会的发展,海外贸易也更加繁荣。

这是因为,首先,中国的经济重心从唐代中后期开始南移,在两宋时期(11世纪后半叶)完成南移过程,这从根本上改变了汉唐以来我国一直以黄河流域为重心的经济格局;同时经济重心区域由于向东南方向移动,更加靠近拥有优良海港的沿海地区,因此为封闭型的自然经济向开放型的商品经济过渡提供了某种历史机遇。宋元之际,广州、明州(今宁波)、杭州、泉州等大型海港相继兴起,东南沿海地区以发达的农业、手工业和商品经济为后盾,表现出向海洋发展的强烈倾向,在这种情况下,东南沿海地区经济繁荣,同海外各国的经济联系更加密切。其次,两宋时期,中原与西夏、辽、金长期对立,丝绸之路被金、西夏等国所阻,除茶、马互市,陆路交通几乎断绝,宋朝不得不把东南海路作为主要的对外交通渠道。再次,航海、造船技术的进步使得大规模的海外贸易成为可能。宋代造船技术发展很快,所造的海船不但载重量大,而且船身坚固、经得起风浪。同时,随着科学的进步,宋代人已经开始学会利用季风和指南针,这使得海上航行的安全性得到有力保障。最后,朝廷对于海外贸易给予了极大的政策支持,奖励的措施分两方面:一是招诱番商来华贸易。宋朝政府十分欢迎前来贸易的外商,凡设有市舶司的城市,都会建立专门供外商居住的"番坊"。"如有蕃商愿将舶货卖入官,即令税务监官依市舶法博买"。外国私商可以在各个口岸照章抽分后进入市场买卖。此外,外国人若能成功吸引其他外商来华贸易,便有机会担任宋朝的官吏。二是鼓励中国商人出海贸易,对贩洋私商卓有成就者甚至册封官职。

自989年起,中国私商只要在官府备案挂号后就可自由出海,进出口货物照章抽分。这是中国海外贸易史上的第一次重大转折,私商海外贸易从此异常繁荣,完全压倒了官方朝贡贸易。例如,建康(今南京)巨商杨二郎由牙侩起家,到南海贸易十余年,蓄资千万。南宋初,泉州商人"夜以小舟载铜钱十余万缗入洋"。铜钱在海外,可以十贯之数,易番货百贯之物,估计一次贸易额就超过了100万贯。① 中国海船在唐代未能进入印度,货物只能由波斯、阿拉伯商船中转;两宋时期,海船终于直航印度并最终抵达东非,此后元、明、清三朝的中国海船大体不出这一范围。

在这样的情况下,虽然宋代中日政府间的关系远不如唐代那样密切,两国间未建立过正式的邦交关系,但是两国之间的交往仍旧频繁,这主要以中日之间的两国私商和搭

---

① 廖大珂《福建海外贸易史》,福建人民出版社2002年版。

乘商船来华去日的两国僧人为桥梁进行的。推行积极主动海外政策的北宋朝廷曾想以赴日宋商和入宋日僧为媒介,力图与日本政府建立传统的邦交关系和官方贸易关系。熙宁六年(1073年),宋神宗得悉入宋日僧成寻的弟子赖缘等五人要搭乘去日贸易的宋商孙忠的商船回国,便托他们带亲笔文书、金泥《法华经》和二十匹锦,赠送给日本天皇。当时藤原氏控制下的日本政府推行"自我封锁排外"主义的保守的海外政策,对此反应并不热烈,对于是否收纳宋帝的赠礼和回送什么礼物,进行了多次会议,并征求宋商孙忠的意见。直至1077年5月5日,日本政府才做出决定,命长季朝臣撰写回信,以六大织绢二百匹,水银五千两作为回礼。次年,日廷派通事僧仲回搭乘孙忠的商船赴宋,将礼物送至宋廷。这是北宋(960—1127)167年的历史中,唯一的一次中日中央政府间的交往。南宋(1127—1279)152年的历史中,中日中央政府间的交往也仅一次而已,而且也是通过来往于中日间的商人进行的。乾道八年(1172年)九月,南宋明州地方官通过去日宋商致牒日本政府,并赠方物。牒文上"赐日本国王物色"的"赐"字,伤害了日本政府的自尊心,还引起了一场风波。多数日本廷臣主张立即退回,但掌握政权的平清盛力排众议,积极主张发展中日关系,次年三月回信给宋廷,并托去日贸易的中国明州商人将内装彩革三十张的描金橱一个、内装沙金百两和宝剑一把的描金提箱各一只赠送给南宋政府。

宋代中日两国地方政府间的交往次数较多,但也是借助来往于中日间的两国商人进行的。据日本书籍《百炼抄》和《师守记》等记载,1080年、1082年和1097年,宋日之间有几次北宋明州地方官与日本太宰府之间的书信来往,明州地方官给日本太宰府的文书"不过是宋商为了在日本获得贸易上的各种方便而写的介绍信罢了"。

据统计,北宋160余年间,宋商船赴日次数约为70次。有些宋商多次赴日,如朱仁聪、周文德、孙忠、李充等人的名字多次在当时的日本史料中出现。宋商到日本后的交易方式,基本上依照唐例进行。商船进入博多湾后,太宰府派通事至该船验看市舶司发给的公凭、船员名单,所载货物的品种、名称,然后呈报太政官,等待批准贸易。太政官接到太宰府报告后,即召集有关大臣公卿商议,如果决定准许贸易,那么该商人的食宿就由鸿胪馆按例供应。

南宋时期,宋日双方都采取鼓励海外贸易的政策,中日之间的海外贸易得到进一步发展。南宋政权偏安一隅,西北的中外陆路交通几乎完全断绝,不得不依靠东南海路发展经济。此外,南宋领土面积狭小,土地税收有限,无法满足庞大的财政开支。因此,政府着力于发展海外贸易,以此来增加税收。就日本方面来说,其政局发生了重大变化。武士平清盛上台执政,他热衷于与南宋开展海上贸易,同样是因为经济原因。首先,早在北宋末期,日本的庄园制就开始形成,庄园具有独立性质,不向天皇政府纳税,这样国家的财政收入减少,需要开展对外贸易来增加财源。其次,随着庄园制的形成,日本国内的手工业和商业也随之发展起来,但货币严重不足,影响了商业的发展。日本天皇也曾下令铸币,但因为技术低下、铜料不足等原因,造出的货币无法满足流通的需要,日本政府需要依靠对南宋的贸易,进口大量铜钱。

在这种情况下,平清盛大力发展宋日贸易。他解除不准日商出国贸易的禁令,日商可以自由地前往南宋贸易,而且可以从摄津直接启航。北宋时期,由于日本国内的禁令,日本商人很少到中国来,一般是宋商前往日本,而南宋时期由于禁令的解除,大量日本商人开始到中国贸易,这是南宋与北宋中日贸易的一个重要区别。如绍兴十五年(1145 年)十一月,有日本商人,携带硫黄、布匹等前来温州贩卖,因风漂泊入平阳县仙口港。① 之后,日本商人不断前来,据史料记载,宋淳熙十年(1183 年)、绍熙四年(1193年)、庆元五年(1199 年)、庆元六年(1200 年)、嘉泰二年(1202 年)都有日商船入南宋,或遭风漂至沿海州县受到救济的记录②。日本商船竞相驶向南宋的情景,在当时有下述记载"倭人冒鲸波之险,舶船相衔,以其物来售"。③ 当时宋朝对日贸易最繁荣的港口是明州,日本主要是博多港,往来于两个港口之间的商船络绎不绝。南宋时期的中日贸易中,除了常规的贸易物品,货币和贵金属开始在两国间大量流动,南宋的铜钱流入日本,而日本的黄金流入中国。据日本学者加藤繁先生考证,在理宗宝祐年间,庆元府(今宁波)一年由日本商人输入的黄金总额及四五千两,如果再算上中国商人从日本带回的黄金,其总额约达一万两,竟高于南宋时期中国黄金的年产量。④

进入元朝之后,中日两国之间的关系开始紧张起来。忽必烈继位后,第一步就是争取高丽在真正意义上的臣服。高丽臣服后,元世祖又将目光投向了日本。从 1266 年到

---

① 李心传《建炎以来系年要录》卷 154,中华书局 1988 年版,第 2491 页。
② 马端临《文献通考》卷 324《四夷考一》,浙江古籍出版社 2000 年版,第 2553 页。
③ 梅应发《开庆四明续志》卷 8《竭免抽博樱金》条,北京图书馆出版社 2003 年版。
④ 加藤繁《中国经济史考证》,商务印书馆 1963 年版,第 247—251 页。

1273年,元廷曾六次遣使赴日,劝谕日本称臣来贡。然而,日本当时执政的镰仓幕府,作为刚刚登上政治舞台的武士阶层的代表,不愿意臣服于元朝,对于元朝的要求,采取了置之不理的态度,六次遣使皆不得要领而还。恼羞成怒的元世祖决定用武力解决问题,但两次征日皆因遭遇飓风而不了了之。

但是,在元日政治关系紧张的情况下,两国之间的海外贸易却十分兴盛。这是因为,就元朝方面来说,它准许日本商人来元贸易,希望以此来配合政治、军事手段,实现与日本通好的目的;就日本方面来说,它需要元朝的货物和铜钱,因此幕府也不禁止日商赴元贸易。这样,元日之间的海上贸易就可以继续发展。但是,这一时期的中日贸易与宋朝相比有很大的不同,北宋时期主要是宋朝商人赴日贸易,南宋时期两国商船互相往来,而元朝时期则主要是日本商人来元贸易,元朝商人较少赴日。究其原因,主要有以下两个方面:从政治方面来讲,元朝两度征日,造成两国关系的紧张,元朝商人不愿意赴日;从经济上来讲,元英宗至治二年(1322年),政府颁布"听海商贸易,归征其税"的全面开放私人海外贸易的政策,使元代海外贸易真正得到了大规模、全方位的蓬勃发展,贸易范围也随之扩大,包括菲律宾诸岛、印尼诸岛、马来半岛、印度半岛、巴基斯坦及斯里兰卡岛、波斯湾沿岸、阿拉伯半岛等地。在这种情况下,与日本间的贸易只占海外贸易的一小部分,因而不像以前那样受重视。相比之下,日本的海外贸易范围要小得多,而且十分需要中国商品,这就造成了日本对中国市场的强烈依赖性,因此日商不断前来贸易。

当时进行国际贸易的港口共有八处,皆设置于元世祖至元年间,各处均有专职官员主持,分别为:泉州,元世祖至元十四年(1277年)立,特设一人专职主之;庆元、上海、澉浦,元世祖至元十四年(1277年)立,令福建安抚使督之;广东,至元二十年(1283年)置;杭州,至元二十一年(1284年)置;温州,至元年间置;雷州,至元三十年(1293年)置。这八处港口在元代后期并为三处:广州、宁波、泉州,其中泉州为元代中国第一大港,也是世界第一大港,船舶众多,货物堆积如山。1293年,《市舶则法二十三条》颁布,这是中国历史上第一部独立的海外贸易法规。

1278年,忽必烈下令推动海外贸易:"可因番舶诸人宣布朕意,诚能来朝,朕将宠之,其往来互市,各从所欲。"来华贸易者无论官、私,俱不受限制。同时,元世祖取消了自宋以来的博买政策(进口货物交税后由政府优先选购限制性商品),改为抽解后所有进口货物均自由贸易。朝廷命官主持海外贸易，"每岁召集舶商，于番邦博易珠翠香货等物。及次年回帆，依例抽解，然后听其货卖。""其货以十分取一，粗者十五分取一，以市舶官主之。其发舶回帆，必著其所至之地，验其所易之物，给以公文，为之期日……"①抽解比例是，细物出口十抽一、进口十抽二；粗物出口十五抽一、进口十五抽二。元朝海上贸易制度基本承袭宋代，采取发放公凭、船货抽分的制度，"大抵皆因宋旧制而为之法焉"，私商只需登记办理出海凭证即可自由出海。

元代的中日贸易主要由设于明州的庆元市舶司管理。日本商船驶进定海港以后，首先由当地官府检查其所持公验公凭，以确定其合法性。在确定商船实为贸易而来后，市舶司遂选派廉能官员将其"封堵坐押"，即将货物封存，然后押送至庆元府。在庆元收税后，才可以开始交易。元朝中日贸易的物品与宋朝并无太大区别。元朝输往日本的商品主要为铜钱、丝织品、香料、药材、陶瓷、书籍、文房用具等，而从日本输入的物品大体上是黄金、刀、折扇、螺钳、硫黄以及其他工艺品。韩国考古工作者打捞出的元代"新安沉船"，保留了大量元日间贸易的物品，可以反映出两国的货物交流情况。在这条元代中国沉船上，共发掘出了两万多件青瓷和白瓷，两千多件金属制品、石制品和紫檀木，以及800万件重达28吨的中国铜钱。这一考古成果充分证明了元日间海上贸易的繁荣。

宋元时代的中日贸易良好的发展的同时也增进了两国人民的友谊。如藤原氏专权时期（858—1086），日本严禁臣民私渡出海，违者严办。宽健、商然、寂照和成寻等日僧都是得到特许才先后渡海来宋的。去日贸易的北宋商人不仅为这类日僧提供搭乘自己商船来华之方便，甚至还冒风险设法帮助那些得到特许的日僧避开日本太宰府官员的检查，巧妙地搭乘宋船来华。而双方政府对于这些来往于中日间的商人也都表现出了极大的友善。如咸平五年（1002年），中国"建州海贾周世昌遭风漂泊至日本"，受到日本当地人民的热情帮助，在日本生活了七年，后由他的日本友人滕木吉送他回国。为了感谢和表彰这位日本友人，宋真宗亲自召见他，"赐木吉时装钱遣还"。淳熙三年（1176年），"风泊日本舟至明州，众皆不得食""诏人日给钱五十文、米二升，候其国舟至日遣归"。淳熙十年（1183年），"日本七十三人复漂至秀州华亭县，给常平义仓米以振（赈）

---

① 《元史·食货志》卷94，北京中华书局1976年版。

之。绍兴四年（1193年），泰州及秀州华亭县有俊人为风所泊而至者，诏勿取其货，出常平米振（赈）给而遣之。庆元六年（1200年）至平江府，嘉泰二年（1202年）至定海县，诏并给钱米遣归国”。日本方面，摄关政治时期，尽管藤原氏控制下的日本政府采取消极保守的“锁国主义”禁止本国人私渡出海，但不仅不反对宋商来日贸易，而且仍按旧例为他们在鸿胪馆安排住宿，供给衣食。后因宋船去日频繁，日方无法负担接待宋商的费用，才在宋商去日的年份期限上做了一些规定。

繁荣的贸易一直持续到了元朝中晚期，因海外贸易衍生出许多问题，令官府无法掌控，加上海防的顾虑，所以海外政策制度发生巨变，元朝廷下令禁止海外贸易，先后颁布四次海禁令。

第一次：元世祖至元二十九年（1292年），因远征爪哇，“暂禁两浙、广东、福建商贾航海者，俟舟师已发后，从其便”。至元三十一年（1294年）弛禁，前后实行三年。

第二次：大德七年（1303年）禁商下海，至大元年（1308年）复立市舶司，前后六年。1308年关闭庆元口岸。

第三次：至大四年（1311年）罢市舶司，延祐元年（1314年）开禁，前后四年。解禁后“仍禁人下番，官自发船贸易”。1312年，元仁宗禁止中买宝货（中外官、私海商用于交易的珠宝香药等奢侈品），但随即造成香货药物“销用渐少，价值徒增，民用阙乏”，后渐复。

第四次：延祐七年（1320年）罢市舶，至治二年（1322年）复置市舶司，前后海禁三年。解禁后，海外贸易有所限制。1321年罢行泉府司，官方海商几乎完全让位于私人海商。非海禁年间，元英宗一再颁诏鼓励私人出海贸易，其主动性更强于前朝。1322年，两年来的海禁终止，从此至元末不再有政策变化，海外贸易大盛，达到第二次高峰。

元朝海禁为前代所未有。出现在忽必烈定国号为“元”后四十余年，三十年间四禁四开，禁海之期短则三年，长则六年，为时不长；三次海禁间隔，短则三年，长则九年，为时也不长。四次海禁都是暂时而连续的，而且一次比一次强烈，且解禁之后都有相当限制。这一系列海禁，因为贸易之利与治安之虑而产生，出现于元代中期，乃典型的元代海外贸易特色。中国的海外政策在元代发生了本质性的改变，对明清时期影响极大。

但总体来说，宋元时期的中日民间海上贸易还是发展得非常顺利，而且宋元时期中日两国政府间的关系远不如唐朝时密切，正是依靠往来于两国之间的民间贸易商人以及搭乘这些商船的两国僧人，中日之间的经济往来和文化交流才得以维系。因此，宋元时期双方的民间贸易在中日关系发展史上发挥了极为重要的作用。

第二节　中国陶瓷发展

宋元时期是中国制瓷业国内发展得非常迅速的一个时期，繁荣的社会经济为制瓷业的兴旺创造了物质条件，而社会上饮茶风气的盛行，使得人们对瓷器的重视程度越来越高，瓷器市场开始出现竞争，同时政府对海外贸易的政策直接对当时瓷窑发展产生了巨大影响。东南沿海地区仰仗本区域特有的资源优势，在经济发展方面走出了一条前所未有的崭新道路——打破了单一种植经济的传统束缚，充分利用当地资源，大力发展制瓷手工业生产，尽可能扩展贸易市场特别是海外市场，即通过发展商品经济寻求最大经济效益的道路。在这样一种以外向型经济为载体，通过生产交换价值，扩大市场占有份额来提高当地人口承载力的经济发展新模式下，烧造外销瓷器的窑场数量猛增。

北宋时，制瓷业以开封官窑、汝州汝窑、禹州均窑和定州定窑最为著名。各瓷窑既烧造高级瓷器，也生产一般日用瓷器，以满足国内外市场的需要。南宋在东南沿海地区立国，更积极鼓励发展海外贸易，扩大商品出口。于是，南方特别是东南沿海地区的制瓷业发展得更加迅速。浙南龙泉窑系的青瓷于北宋中晚期开始生产，窑址有三四十处。南宋和元代时，龙泉青瓷输出不断增加，达到最兴旺时期，生产规模空前扩大，瓷窑大量增加，该窑系的窑址仅已发现的就达两百多处。泉州地区的青瓷窑虽在宋代以前已经开始生产，但其发展较为缓慢，现已发现的窑址仅十九处。宋元时期，其生产迅速发展，瓷窑很快增加，已发现的窑址达一百三十处。烧造青白瓷为主的德化窑系各瓷窑和以生产黑瓷为主的建阳水吉窑，因其产品大量外销的刺激，在宋元时期也达到鼎盛。江西各地瓷窑也因海外贸易发展，扩大瓷器输出的需要，其生产均有很大发展，如以生产青白瓷为主的景德镇湖田窑在南宋至元代时，生产规模扩大，除生产青白瓷，还生产黑瓷。以生产黑瓷为主的吉安县永和镇的吉州窑，在南宋和元代的生产规模空前。为适应国内外市场日益增长的瓷器需要，唐代已经开始烧造的景德镇青花瓷，在元代时进入成熟阶段。

　　两宋时期贸易品种主要是龙泉窑系青瓷、白瓷、景德镇青白瓷,还有广东、福建沿海地区窑口仿烧瓷器等。元代较宋时的海上贸易有所扩大,虽然元政府一度将海上贸易变为官办,但由于瓷器贸易高额利润的吸引,根本无法禁绝民间贸易活动。对外贸易需求量的增加,促使元代瓷器有了更大的发展。除在前代的基础上仍生产传统的品种,江西景德镇窑在制瓷工艺上还采用瓷石加高岭土的"二元配方",提高烧成温度,减少瓷器变形,使景德镇的技术力量大大提高,奠定了景德镇日后"瓷都"的地位。现将其中外销量最大的代表性窑口逐一介绍。

　　(1)广东外销瓷窑

　　广州是唐至北宋时期海上丝绸之路最重要的南海港口。因此,在北宋时期,广州能广泛接触到全国各地的名窑产品。由于对外贸易的大量需求,广东各地纷纷建窑仿造各名窑产品。目前已发现的古窑址遍布全省40多个市县,生产的器物品种繁多,釉色、纹饰丰富,几乎全国各窑系的产品在广东都有仿造(其中以模仿耀州窑为盛),广州西村窑、潮州笔架山窑等广东著名窑场,正是在这种情况下应运而生的。宋代广东的主要窑址有:广州西村窑、潮州笔架山窑、惠州窑、南海奇石窑、博罗窑、雷州窑、封开都苗窑、郁南南江口窑、廉江窑、遂溪窑等。在当时众多的窑址中,生产外销瓷的窑址主要有广州西村窑、潮州笔架山窑、惠州窑、南海奇石窑和雷州窑。

　　西村窑位于广州市西村增步河东岸岗地上,为北宋时期窑口,发现于1952年。皇帝岗是西村窑场的主要遗存,堆积高约7米,清理出一座龙窑,残长36.8米,拱顶已毁,窑身中部最宽处4米,坡度13°。[①] 该窑烧造的产品分粗瓷和精瓷两类,以前者为主。釉色以青釉为多,黑酱釉次之,还有青白瓷(影青)和少量低温铅绿釉。器型有碗、盏、碟、盆、执壶、凤头壶、军持、罐、盒、唾壶、注子、净瓶、灯、熏炉、烛台、枕及狗、马等陶塑。纹饰有刻花、划花、印花、彩绘、点彩和镂孔等。

　　笔架山窑在潮州市东郊笔架山,也是北宋窑口,在西临韩江的山坡上遍布瓷片和匣钵碎片,有百窑村之称。1953—1986年,经多次调查和发掘,清理出窑址10余座,均属龙窑,其中一座是阶级窑。窑室内部用砖砌筑隔墙,最长的一座残长79.5米。产品以白瓷为主。器型有碗、盏、盆、钵、盘、碟、杯、灯、炉、

---

　　① 《广州西村窑》,香港中文大学中国考古艺术研究中心1987年版。

瓶、壶、罐、盂、粉盒、人像、动物玩具等。釉色有白、影青、青、黄、酱褐等多种。①

惠州窑位于惠州市东平窑头山，北临东江，西南为西枝江。该窑口的烧造年代也是北宋，堆积物厚达5米多。清理出龙窑一座，为斜坡阶级窑，残长4.69米、宽2.76—3.16米、残高1.6米，窑室用双隅砖平放顺砌，窑底用黄褐色沙土夯打。② 遗物有窑具和瓷器。窑具及制瓷用具有匣钵、垫饼、垫环、试片、擂钵、坎臼和杆、铜片等。器型有碗、碟、盏、杯、盅、罐、壶、瓶、炉、器盖、枕及小狗等动物瓷塑。釉色以青釉为主，还有酱褐釉、酱黑釉、青白釉（影青）及少量白釉。纹饰有印花、刻划花、镂孔、雕塑等。

奇石窑位于南海市（今佛山市南海区）小塘镇奇石村一带的多个山岗间，年代属北宋。因未经发掘，故窑炉结构不明。据调查，器型主要有罐、盆、碟、杯、壶、瓶、盏等。釉色以青釉和酱黄釉为主，还有少量窑变釉。纹饰有印花、刻划和彩绘。彩绘以铁锈色釉为主，也有深褐色墨彩。纹样以菊花、卷草纹最多，其他还有人物、图案、兰草、水草等。③

雷州窑主要分布在雷州市和遂溪县，其中雷州市纪家镇、杨家镇和遂溪县杨柑镇是窑址的主要分布区。其年代为南宋至元。1986年，杨家镇公益圩旁清理出一座龙窑，残长18.7米，火膛2.68米，窑室残长16.2米。火膛与窑室之间有火墙相隔。附近有瓷片的堆积，最厚达3.36米。④ 出土窑具有匣钵、垫环、压锤、石碾槽等。瓷器有碗、盘、碟、炉、杯、钵、壶、瓶、罐、枕等。胎色灰白，釉色以青釉为主，少量为酱褐釉和酱黑釉。装饰特点是釉下赭褐色彩绘花卉、卷草、弦纹、文字、动物图形等，也有少量模印花鸟纹样。

广东地区的这些窑址有一些共同的特点：一是地点都处在各对外贸易港口附近，或水路交通便利之处；二是大多数使用规模较大的龙窑生产，窑长一般几十米或上百米不等；三是产品的品种无论是器型或釉色、装饰手法都相当丰富。

（2）福建外销瓷窑

在同时期烧造外销瓷器的古窑址中，由于福建地区古代海外交通发达，与海外各国的交往频繁，并且古代陶瓷窑址分布广泛，泉州港又极便于产品的输出，因此这个地区

① 《潮州笔架山宋代窑址发掘报告》，文物出版社1981年版。
② 《广东惠州北宋窑址清理演示文稿》，《文物》1977年第8期。
③ 《广东唐宋窑址出土陶瓷》，香港大学冯平山博物馆1985年版。
④ 《湛江市博物馆雷州窑瓷器》，岭南美术出版社2003年版。

的古瓷窑址和外销世界各国陶瓷的关系极为密切,值得我们特别重视和注意。摩洛哥人依宾拔都他在《游历中国记》中就明确指出:"中国瓷器,仅产于刺桐(泉州)、兴克兰(广州)两城,得诸山上之土,燔烧而成者⋯⋯中国人将瓷器转运出口,至印度诸国,以达吾乡摩洛哥。此种陶器,真世界最佳者。"北宋末南宋初,泉州逐渐取代了广州的地位。到了元代,泉州便扶摇直上,升为世界贸易大港,陶瓷由此外运,数额更大。随着宋元时期泉州海外交通的繁荣,陶瓷业的发展达到空前的程度。从沿海到山区,烧窑作坊密集分布于泉州的各县。至今泉州七邑发现有这一时期的窑场160处,窑址密集度堪与浙江龙泉、江西景德镇同期窑场并论,成为中国一处重要外销陶瓷产地。其产品款式丰富,釉色多彩,造型精致,工艺上乘,烧造技术具备相当高的水平。

　　碗窑乡,因其产品以碗类器为主,故由此得名。它位于泉州东北约8公里处,东、西、北三面环山,是个小盆地。古窑分南北二址,分布在该乡南北两个山坡上,分别称为南窑和北窑。南窑在后路村前面的山坡上,堆积层厚1—2米,瓷片暴露较少。主要烧造青瓷,器物有碗、洗、执壶、罐、炉、瓶诸类,多素面无纹饰,釉色青绿或灰青,远逊于龙泉青瓷,俗称土龙泉。除烧造与南窑风格相同的青瓷,这里还烧造青白瓷,青白瓷主要器类有碗、盘、盒、洗诸类,盘常见刻画卷草花卉,盒身与盖边模印直道纹,盒面有牡丹、缠枝、卷草等纹饰,偶尔还见有堆贴花纹。[1]

　　晋江瓷灶以制瓷为传统职业,故得名。此窑釉色有青釉、黑釉、酱色釉、绿釉、黄绿釉、褐色釉等,而未施釉瓷器尤多。釉水一般薄而均匀,但黑釉器釉厚而有垂釉现象。绿釉、酱色釉器釉汗比较光亮,青釉器有细小的冰裂纹。从窑址采集到的素胎产品看,低温色釉应是二次焙烧而成。器物施釉情况如下:碗、碟内外施釉,但碟有的不施釉,有的只在近口沿处施釉。壶、罐器内无釉,有的器表及底部无釉。有的器物上有黄、绿二色,或青釉下铁绘彩,如童子山窑的盆在青釉下铁绘花卉,开泉州瓷器釉下彩绘之先河。装饰方法有:划花、刻花、印花和堆花。花纹种类有缠枝花纹、牡丹花纹、龙纹、莲瓣纹、圆环纹、水波纹、叶脉纹等。

　　德化窑是我国古代南方的著名窑口之一,生产的瓷器种类多、质量高,深受国内外人们的欢迎。这里历代生产的青釉瓷器、青白釉器(影青)、白釉瓷器和青花瓷器都是

---

①　陈万里《闽南古代窑址调查小记》,《文物参考资料》1957年第9期。

国际市场上争购的畅销货。古窑瓷器始烧于唐代,窑址在德化县东、南、北各地都有广泛分布,县城附近则更为集中。到目前为止,宋元时期窑址发现有 42 处。德化窑的瓷器特别是白釉瓷器驰名世界。《中国美术》一书中说:"其窑之特别为白瓷,昔日法国人呼之为 Blane de China,即'中国白'之谓,乃中国瓷器之上品也,与其他之东方各瓷,迥然不同。质滑腻似乳,宛似象牙。釉水莹厚,与瓷体密贴,光色如绢,若软瓷之面泽然。"①

南海一号德化白瓷

同安窑主要在城关的汀溪许坑村和新民乡一带,有窑址 8 处。出土物以碗类占绝大多数,少有杯、碟、壶等器物。瓷胎灰白,不甚坚细,釉色青中泛黄褐色,与龙泉瓷的颜色——宛如青玉的粉青或堪比翡翠的梅子青色有差距。也有黄灰色釉者,但为数不多。釉水莹亮透明,稍厚者有细密开片。最常见的器类为深腹碗、浅腹碗,碗内满釉,多数器心和近口沿各印有一同心圆。少数器心圆圈内印有梅花鹿,卷曲前肢者昂首张望,卷曲后肢者回眸顾盼,也有在圈内压印双鱼纹的。有的器内刻划卷草纹,间以篦线纹、篦点

---

① 波西尔《中国美术》下卷,戴岳译,蔡元培校订,浙江人民美术出版社 2014 年版,第 36—37 页。

纹,或者刻划简易的菊花叶。器外刻划莲瓣纹、放射线纹或成组篦梳纹。还有一种洗,器心有一周涩圈,圈内压印阴纹双鱼,腹部印有直道纹,显然是受龙泉双鱼洗的作风影响,但式样、纹饰远不及龙泉贴花双鱼洗精美。① 在日本,此类产品被称为"珠光青瓷"。

同安窑珠光青瓷

（3）浙江龙泉青瓷

宋元之际是龙泉窑系青瓷的鼎盛时期,以龙泉窑为其代表。龙泉青瓷窑系窑址主要分布在以龙泉为中心的浙南山区,沿瓯江中上游的庆元、龙泉、云和、丽水至下游的温州等地,长达二三百公里。在这些地区共发现古代窑址 250 处以上,形成了一个以"龙泉窑"为中心的"龙泉窑系"。龙泉青瓷窑系属南方青瓷系统,而这些窑口生产的青瓷主要是适应外销的需要。宋室南迁后,士大夫云集临安（今杭州）,出现了偏安的表面繁荣。为了满足上自达官贵人,下至庶民的需要,龙泉窑瓷工吸取了历代名窑的优秀传统技艺,开始生产一种以施黏稠的石灰碱釉为特征的瓷器。南宋中期以后,龙泉窑终于形成了有自身特点风格的梅子青、粉青釉等龙泉青瓷,把青瓷生产推向一个全盛时期。

在南宋前期,"龙泉窑系"瓷窑就扩展到龙泉、庆元、云和、遂昌等县市的广大地区,南宋晚期,浙江省龙泉县（今龙泉市）窑场星罗棋布,还旁及邻近的庆元、遂昌、云和等县,江西吉安的吉州窑、福建泉州碗窑乡窑也有烧造。此外,在景宁、武义、缙云、永嘉等县也有部分"龙泉窑系"瓷窑,窑址总计 300 余处。其瓷窑数量之多,分布范围之广,在全国瓷窑中是罕见的。入元以后,烧造龙泉窑风格的青瓷窑场范围更大,仅浙南的瓯江两岸就发现窑场遗址 150 余处。

---

① 陈鹏《福建青瓷考察》,《海交史研究》1986 年第 1 期。

四川遂宁窖藏出土的南宋龙泉青釉荷叶盖罐

元朝的统一，促进了国内各民族经济、文化的交流，同时元朝继续重视对外贸易，龙泉青瓷作为重要商品之一，大量外销到亚、非许多国家和地区。为了适应蒙古贵族和外国的生活习俗，瓷器的风格也与南末后期有很大的区别：器型高大浑厚，盛行花纹装饰，如下图。

韩国新安元代沉船打捞上来的元代龙泉窑青釉刻花大盘

（4）景德镇青白瓷

景德镇虽为我国古代著名的瓷都，但它制陶的历史却不及国内某些地区悠久。

《陶记》《格古要论》《天工开物》《陶冶图说》《景德镇陶录》《江西大志》《浮梁县志》《南窑笔记》等古籍记载，景德镇制陶始于汉代。《景德镇陶录》载："楚之长沙属有醴陵土碗，器质甚粗，体甚厚，釉色淡黄而糙，或微黑，碗中心及底足皆无釉……正如吾昌南在汉时。"由此可见，景德镇汉代所产之陶器，尚属粗糙之品，只供"迩俗粗用"，并不远销。

宋太祖赵匡胤统一中国后，北宋朝廷减轻了割据政权时期所定的若干赋税，使人们得以休养生息。地主与农民的租佃制雇佣关系得到普遍发展。随着生产关系的改变，社会生产力及商品经济均获得一定程度的发展。这时，国内陆续出现了一批手工业和商业兴旺的集镇。在此形势下，全国各地烧瓷名窑迭出，瓷窑遍布南北各地，景德镇瓷业也积极参与其中。北宋景德年间，宋真宗赵恒命昌南进御瓷，底书"景德年制"四字，因瓷器精美，赐名"景德"。景德镇因本地原料的适应性而出产白瓷，成为我国南方最早的白瓷产业化基地，也从此打破了当时"南青北白"的瓷业格局，打破了白瓷在北方的垄断局面。

宋元时期，中国主要的外销瓷窑系，除龙泉青瓷窑系，当推江西景德镇青白瓷窑系。青白瓷又称影青，是宋代以景德镇的瓷窑为代表烧造成的一种具有独特风格的瓷器。其釉色介于青白二色之间，青中有白，白中显青，青白雅致，釉面明澈丽洁，胎质坚致腻白，色泽温润如玉，所以历史上有"假玉器"之称。青白瓷釉色的硬度、薄度、透明度以及瓷里莫来石结晶的发达，都达到了现代硬瓷的标准，以优质冠绝群窑，成为集中代表宋代制瓷水平的一个名贵品种。影青瓷的出现，使景德镇跻身宋代名窑之林。影青瓷以其独特的"冰肌玉骨"风姿而具备了与同时代的其他官、哥、汝、钧、定等名瓷名窑争一日之长的雄厚实力。南宋李清照在《醉花阴》中有"玉枕纱橱"之句，玉枕指的就是青白瓷枕。青白瓷在宋元之际曾风靡一时，远销海内外。特别是采用覆烧方法之后，青白瓷产量倍增，福建、广东等地区的许多窑场，相继仿烧青白瓷。自宋迄元，青白瓷盛行不衰，形成了一个著名的青白瓷窑系。青白瓷窑系主要分布在中国东南沿海各省，其中尤以江西窑场最多，属于这个窑系的还有广东湖安窑、福建德化窑、泉州碗窑乡窑、同安窑等。福建、广东两省生产的青白瓷以外销为主，景德镇的产品供国内及海外双重需要。

到了元代,景德镇生产的青白瓷仍然供应国内地区及满足外销之需,与龙泉窑系的外销窑口有并驾齐驱之势。

宋朝景德镇窑青白釉刻花注壶、注碗

　　元代后,景德镇在青白瓷的基础上研制出了一种新产品,便是独领风骚 600 年的青花瓷,开辟了一个由素瓷向彩瓷过渡的新时代。青花瓷是元代景德镇成功烧造的一种釉下彩瓷。它以氧化钴为着色剂,先在坯上作画,再施一层薄釉,经高温烧成,显示出一种明快而和谐的艺术效果,既能体现素白瓷的美,又能体现钴蓝色的雅,一青二白,相得益彰。它一出现,就具有旺盛的生命力并且异常迅速地成熟。这类瓷器的出现,使瓷器的欣赏价值进入一个新的境界,比色调单一的宋瓷更能丰富人们的生活情趣,我国在瓷器装饰艺术上也进入了一个崭新的时代。烧造青花瓷器的窑址有江西景德镇和吉州、云南玉溪、浙江江山等,其中产量和质量都以景德镇为最。随着青花瓷器的生产和发展,元代后期,景德镇青花瓷的制坯与绘画技巧都日臻成熟,青花画师们不仅吸取了北方磁州窑黑褐彩和南方吉州窑釉下彩的绘画技巧,而且从纸本绘画中引入水墨晕渲之功,使青料彩绘具有浓淡分明、深浅相宜的特点,对福建、广东等省青花瓷器的出现有很大的影响。自元代中期起,青花瓷不断销往海外,而且在中国瓷器装饰艺术发展的历史长河中,没有哪一种装饰类型能像青花瓷那样影响巨大而且流传深远。后经明、清两代不断改进,青花瓷已成为具有我国民族风格、在世界上最有影响的绝代佳瓷,成为中国瓷器外销史上最具民族特色和代表性的品种。

元青花萧何月下追韩信梅瓶

这一时期的外销青花瓷器特点是:器型较大、胎体较厚、分量较重,以大盘、大罐、大瓶为主,整体流线优美,恢宏雄壮,高贵典雅。装饰花纹所使用的青花料,有进口与国产两种。进口料颜色鲜蓝、艳丽,采用影青作为面釉,所绘图案构图严谨、笔法工整、描绘细致。青花瓷常采用的装饰纹样,在花卉方面主要有菊、莲花、牡丹、卷(蔓)草、竹子、芭蕉,竹子和芭蕉一般和石头画在一起;禽鸟有飞凤、鹭鸶、鸭和鸳鸯;兽类有麒麟和鹿,龙的运用也较多。此外,由于元代杂剧的发达,元青花瓷器中的人物纹饰别出心裁,与戏剧相结合，将剧中人物故事的情节移植到画面上。元代青花瓷器上的人物题材故事主要有"蒙恬将军图""昭君出塞""三顾茅庐""萧何月下追韩信"等。例如拍出天价的《鬼谷子下山》元青花大罐是全球仅存的八件元青花人物故事瓷之一，属国家一级文物。瓷罐高27.5cm，口径21.5cm，腹径34.5cm，足径20.6cm，素底宽圈足，直口短颈，唇口稍厚，溜肩圆腹，肩以下渐广，至腹部下渐收，至底微撇。罐身绘有《鬼谷子下山》图，传神生动，画工细腻，堪称元青花绝世珍品。后世景德镇不断发展青花瓷，最后因青花瓷而闻名中华，誉满全球。

第三节　中日陶瓷贸易概况

宋代的瓷器手工业有了较大的发展，特别是东南沿海一带，可以说出现了瓷器的兴盛时代。在陶瓷业发展的基础上，并在当时陆路阻塞、国家极力提倡、鼓励以及造船术的精进，指南针发明的条件下，宋代陶瓷的对外贸易，有了较大的发展。同时，为了加强海外贸易管理，宋朝仿效唐朝，建立市舶制度。市舶司又称提举市舶司，官员有市舶使、市舶判官等，其主要职责包括：收购海外货物，用以禁榷（宋朝规定某些货物只可由官方专卖，这种贸易称为"禁榷"贸易）或上缴中央；接待各国贡使；招徕、管理和监督外商；管理本国商船及办理海外贸易征税等，在通商范围和贸易数量上，都有所扩大和增长。南宋偏安江南之后，财政"一切倚办海舶"，国家倡导，更加不遗余力，海外贸易因之尤为鼎盛，外贸港口陆续增加。据《弘治上海志》载，南宋末年还在上海镇（今上海市）设市舶司和榷货场。这些市舶司都位于良好的海港，广州和泉州便于与海南诸国贸易；杭州、明州和板桥镇，则便于与高丽和日本通商。此外，据宋人志书记载，通（今江苏南通）、楚（今淮安）、海（今连云港）、越（今浙江绍兴）、台（今临海）、福、漳、潮、雷（今广东雷州市）、琼（今海南海口）这10来个城市，也有外贸活动的存在。这样，北起淮南、东海，中经杭州湾和福建福漳泉金三角，南到广州湾和琼州海峡的南宋海岸线上，与外洋通航的外贸港口至少有20多个。这样一种景象不仅唐代未曾见过，就是明清也未能再现。

宋代陶瓷的对外贸易，已是一项可图厚利的买卖，商人不惜以陶货囤积居奇。很多北宋商人到海外诸国进行贸易。《萍洲可谈》曾说："富者乘时蓄增帛、陶货,加其直,与求债者计息,何膏倍花。"又说:"船舶深阔各数十丈,商人分占贮货,人得数尺许,下以贮物,夜卧其上,货多陶器,大小相套,无少隙地。"①

及至南宋,与海外贸易俱来的是钱币的严重外流,国内形成紧张的钱荒。《宋史·食货志》曾载:"宁宗嘉定十二年(1219年)巨僚言,以金钱博买,泄之远爽为可惜。乃命有司止以绢布、锦绮、瓷器之物博易,听其来之多少,若不至,则任之,不必以为重也。"意思是,南宋朝廷为了防止钱币流出海外,规定凡外货,不用金银铜钱,而以绢帛、瓷器为代价。这个措施的实行,使得南宋的陶瓷器更大量地输出和运销到海外各国去。

除了中央政府的支持和海外市场的需求,另外一项重要的原因就是宋元时期造船技术的进步。V字形船身、水密隔舱与三桅设计等都是当时独步全球的造船技术,再加上指南针、星宿、海图、高超的驭帆技术,皆为此时船舶能够驰骋海上的重要原因,而这些也是宋元时期中日贸易蓬勃发展的前提。

其他国家保存的有关文献资料,对于研究宋代陶瓷对外贸易也有重要的参考价值。如日本保存的平安时代的《成算法师记》《日本考略》《扶桑略记》《元亨积书》《日本记略》《百炼抄》《小右记》《左经记》《朝野群载》《参天五台山记》《国玲宝记》《为房卿记》《中右记》《师守记》《帝王编年记》《弘赞法师传》《本朝续文萃》《千光祖师年谱》《玉叶》诸书,搜集了这一时期中国商人去日本经商的记事,自中国明州、台州诸港出发到日本但马、越前、太宰府等地经商的材料。诸书所记,中国商人的名字一再出现,如《元亨积书》记中国台州商人周文德于正历元年(宋淳化元年,990年)去日本,长和四年(宋大中祥符八年,1015年)再度去日本,另有《扶桑略记》《百炼抄》同记此事,可见此事在当时引人注目。一再去日本的中国商人还有李充、朱仁聪、周文裔、曾令文、孙忠等人。除了台州、明州商客,还有福州、广州、婺州的商客。婺州不是港口,但盛产瓷器,他们去日本贩运商货,其中有瓷器是可想而知的。② 中日的贸易路线是大致不变的,从日本的博多跨越东海到中国的宁波。日本船只从博多出发,或经过长崎县的平户、五岛列岛,到日本最西边,乘风直行中国;或通过韩国的济州岛一带,经几天的航行到达舟山群岛再入宁波。从宋代初期到明代中期的五百年左右的时间里,这一直是中日之间的主

① 朱彧《萍洲可谈》卷二。
② 中国硅酸盐学会编《中国陶瓷史》,文物出版社1982年版。

要交通路线。

元代统一中国以后，幅员辽阔，陆海畅达，盛况空前，海运成为国家要政，海外贸易又有长足的发展。这时，陶瓷运销的范围也有所扩大。元顺帝至正元年（1341 年），汪大渊附舶远游海外，归来撰成《岛夷志略》，其中"琉球"条目对元代陶瓷运销日本有如下记载："贸易之货用粗碗、处州瓷器之属。"元代末期，中国发生内乱，14 世纪中叶的浙江周边海域是很危险的。因为浙江十分富庶，是各方势力的必争之地，海上商路非常危险。所以，中日贸易采用了不经过浙江的路线，而是从福建出发，经过台湾、冲绳、南九州，到熊本的高濑，但这条路线只是在 14 世纪后半叶暂时使用，宁波—博多（福冈）路线仍然是主要的路线。

宋、元两代，我国陶瓷器的外销品种多、数量大，在唐代的基础上，陶瓷的对外贸易又有了进一步的发展，可以说进入一个非常重要的时期。这个时期我国的陶瓷器能够大量出口，背后也是有深层次的原因的。首先，北宋王朝营造了一个较为安定的社会环境，促使了农业的恢复和发展。随着农业生产的发展，手工业也相应发展起来。这时，陶瓷的生产，无论在经济规模上或生产技术上，都远比唐代进步，名窑辈出，其中如定窑、汝窑、官窑、哥窑、钧窑，为宋代五大名窑。宋、元时期为了适应陶瓷出口的需要，在东南沿海地区出现了许多烧造外销陶瓷的窑场和作坊，如江西、福建很多窑场烧造的青白瓷和青花瓷，可以说完全是为了适应国外的特殊需要。所以，宋元时期陶瓷窑场的大量出现，陶瓷生产的进一步发展，为我国陶瓷的外销创造了有利的条件，打下了坚实的基础。其次，君王非常重视且鼓励海外贸易。在宋代，海外交通贸易往来的港口有广州、泉州、明州和杭州等。宋王朝首先设立了市舶司机构专门管理对外贸易，开宝四年（971 年）先在广州设立市舶司，之后在明州、杭州、泉州也先后设立，对外贸易的港口逐渐增多。外国商人来上述这些港口进行贸易，运进来的是香料、药物，而贩运出去的是我国的陶瓷器和丝织品等。随着对外贸易的发展，陶瓷器的出口也就异常活跃起来，因而出现了陶瓷器出口的盛况。最后也是最重要的一点，我国生产的陶瓷器做工精良，价廉物美，而当时其他诸国尚不能生产出成熟陶瓷器皿，因此我国的陶瓷器在海外十分畅销。

第四节　日本出土的中国陶瓷与日本陶瓷

　　大量瓷器和丝织品的输出,不仅刺激了中国制瓷业和丝织业的迅速发展,而且也促进了日本相应手工业生产的发展。佐佐木达夫在《日本海的陶瓷贸易》一文中说,输入日本的中国瓷器因其"大大超过了当时日本的窑业技术"水平,"享有盛誉",深受日本人的喜爱和重视。日本十分希望将中国先进的制瓷技术学到手。于是,南宋嘉定十六年(1223年),日本派加藤四郎搭乘商船到中国福建学习烧造陶瓷技术,1228年学成后返日,在山田郡的濑户村(今爱知县濑户市)试烧黑釉瓷,终于获得成功。随后,加藤四郎建窑大量烧造,其后代继承祖志,从事陶瓷业,使之不断发展。至今发现的濑户古窑址尚有二百多处。濑户窑烧造的陶器被日本人称为"濑户物"或"濑户烧",加藤四郎被尊称为"陶祖"。古濑户窑烧造的陶瓷还受到中国青瓷和青白瓷的影响,如其产品之一的觉园寺心慧和尚的骨壶的形状和纹样同南宋龙泉窑的青陶瓷壶很相似,古濑户四耳壶同南宋及元代的青白瓷梅瓶极为相似。14世纪至15世纪初,日本陶瓷器生产进一步发展,陶瓷种类增多,有濑户的灰釉陶器碟、钵和天目碗,越前和珠洲的北陆地方及日本海北部的无釉杂器的瓷、擂钵、素陶(酒杯)、手炉等无釉陶器和土器等。

　　(1)北宋时期—南宋早期

　　北宋期间中日贸易是从太宰府的私人贸易逐渐扩大到九州沿岸的庄园贸易。从目前的出土数据和历史资料来看,中国宋元时期陶瓷数量比例较大,"日本镰仓可能是中国瓷器和铜钱的最大进口者"。平安、镰仓时代,镰仓是输入中国瓷器最集中的地方,"在这里采集到的中国陶瓷器有五万余件"。截至1978年,日本全境中国陶瓷的遗址有988处,遗址包括宫殿、官衙、寺庙、神社、城馆、聚落、墓地、都市、港镇等,种类繁多,基本涵盖了一切类型。从这些遗址中出土的中国陶瓷年代明确的有70%,在这70%里宋、元时期的占到了75%,仅已发掘出土的输入日本的宋代瓷器散布在日本本州、九州、四国沿岸及中心地带,达四十个县以上。这些中国陶瓷在日本的分布集中在福冈县(207处)、熊本县(117处)、神奈川县(69处)、冲绳县(61处)、京都府(53处),基本是日本中世纪的政治、经济中心都市。

　　日本出土的北宋期间的中国陶瓷仍旧与唐晚期接近，主要还是青瓷和白瓷。白瓷种类非常多，有碗、盘、盒、经筒、壶、水注、水滴等，与前朝相比区别不大；青瓷则发生了较大的改变，12世纪中叶之后，越窑刻花青瓷越来越少，取而代之的是龙泉窑刻花青瓷，稍晚的同安窑系的青瓷也开始输入，青瓷出土的类型有壶、碗、盘、盒，其中碗盘类输入的时间明显晚于其他品种。这时期除了青瓷、白瓷，还有褐釉、黄釉等施铁釉制品。褐釉器物多为壶、水注、经筒等大型器，壶类和白瓷一样基本是四耳壶；黄釉器物有盘、钵和壶类。北宋时期的日本社会是处于藤原政权崩溃，院政政权诞生的阶段，此阶段的日本陶瓷业传承了前代的土师器系、须惠器和瓷器系，其中数量最多的是土师器系的碗盘类，而须惠器、瓷器系是各地生产的地方特色器类，主要有碗、盘、钵、瓶、壶及瓮类。

日本出土的北宋耀州窑青瓷刻花唐草纹碗

北宋登封窑白釉珍珠地四耳壶

从出土的文物来看,这一时期日本已经开始对中国的陶瓷进行仿制,其中对中国陶瓷输入反应最敏感的是瓷器系的猿投窑系诸窑,其首先仿制的便是白瓷四耳壶器型制作的无釉四耳壶。同时,美浓须卫窑出土的器物也具有与中国陶瓷相似的形制。在须惠器系中,仅有珠洲窑对四耳壶进行了模仿。从这些模仿窑口的地理位置来看,日本沿海地区(其中美浓与景德镇类似,虽为内陆地区但水运交通便捷)对于模仿中国陶瓷比较积极。

12世纪的猿投窑灰釉四耳壶

(2)南宋中晚期

12世纪末,日本进入镰仓时代,此阶段中国陶瓷从日本东北地区广泛渗透到南部地区,其间输入中国陶瓷的地区有福冈县、广岛县、京都、镰仓等地,输入内容不仅有龙泉窑系、同安窑系的青瓷，景德镇和江南地区的白瓷，还有福建、广东民窑的铁釉陶器和彩釉陶器，从南到北应有尽有。从青瓷来看，越州窑青瓷碗在减少，龙泉窑系、同安窑系碗、盘数量增多，釉色从之前的暗绿色或黄绿色，开始逐渐转变为粉青色。白瓷方面除了原有的种类，还增加了梅瓶。

在输入中国陶瓷的背景下，日本陶瓷在这一阶段完成了质的飞跃。11世纪，猿投窑在古濑户地区开始生产白瓷，11世纪末没落，但是12世纪中期施釉陶窑复兴，古濑户区域集群愈加明显，狭义上的古濑户成立。主要生产的品种是模仿12世纪的白瓷四耳壶、瓶、小壶、盒以及黄釉铁绘盘。以此为节点，其他瓷器窑系也逐渐放弃了宗教色彩强烈的品种，开始生产碗、盘、壶等日常容器。

（3）元朝

13世纪后期，中国进入元朝，日本处于镰仓时代后期至南北朝时期，这一时期中日贸易仍旧依赖民间私人贸易。这一时期输入陶瓷的地域与北宋期间基本一致，种类有些改变。首先从青瓷来看，前代进口量较大的同安窑系的碗、盘类几乎消失，越州窑系碗和龙泉窑系的划花纹碗也开始减少，龙泉窑系的有莲瓣纹棱口碗增多，几乎占了主要地位。釉色方面除了绿色釉，影青瓷数量也比前朝多。铁釉制品中，除了鼓腹的黑釉壶和褐釉四耳壶，在九州多出土短颈、长腹的褐釉壶。此外，三彩、绿釉、黄釉器物在镰仓市区中心各地点也有部分出土，元朝后半期青花瓷开始出现。

日本出土的元代龙泉窑青瓷莲纹碗

这一时期的日本陶瓷从量变达到了质变，一直以模仿中国陶瓷为主的古濑户，一改前代式样，迎来了发展的高峰期，器型、纹饰丰富了许多，釉料也进行了改良。以四耳壶为例,前朝一直是模仿中国的四耳壶,而这一时期的四耳壶,已经按照日本的审美从广肩改成了溜肩并且纹饰明显增多。再如一直模仿中国白瓷的灰釉,在古濑户已经发展成为褐釉、黑釉等施铁釉。

在濑户以外如常滑、越前、信乐、丹波等窑业产地,瓷器系壶、瓮、研钵的生产在趋向繁盛的同时,生产地也扩大到日本东北一带。至于须惠器系,日本西部石川县的珠洲窑在日本海域的贸易扩大了,取代了鱼住窑和龟山窑,而使用氧化焰烧成的备前窑从濑户内海沿岸扩大到北九州。但是,在以福冈为中心的北九州,像这样的杂器类还是以进口中国陶瓷为主。

根据日本国内的统计数据,在进口中国陶瓷比例高的日本城市遗址中,中国陶瓷约占总量的三成。其中日常食器类主要是日本的土师器系,储藏形态的壶、瓮还是以中国陶瓷器为主。

第五节　小　结

宋元时期是我国海外陶瓷贸易飞速发展的时期,究其原因主要是社会经济的发展和政府的政策支持。

(1)社会经济高速发展

瓷窑发展以当时的社会经济状况为依托,尤其是手工业的发展。我国历来是一个以农为本的国家,农业状况决定了社会的繁荣和稳定,农业是经济的重心。这些作坊在最初往往是陶器和瓷器同时生产,在之后的发展岁月中,陶器和瓷器逐渐在不同的作坊里生产。瓷器渐渐成为社会上高级生活用具,瓷土的开发、窑炉建筑、釉料的配制、拉坯、装饰等工序都向科技含量较高的方向发展。制陶作坊仍然向民众提供廉价用具,尽管制陶作坊的规模也可以发展得较大,但工艺要求一直都比较低。正因如此,制瓷作坊与城镇市民生活和商品经济的发展关系越来越密切,慢慢脱离农业,向独立的手工业方向发展。瓷窑的生产活动是社会经济的有机组成部分,农业形势好,社会安定,商业流通好,瓷窑就能收回资金扩大再生产。如蒋祈在《陶记》中写道:"景德镇陶,昔三百余座。"1949 年以后,考古工作者对景德镇的古代窑址做了全面细致的调查,查明在湖田、杨梅亭、三宝蓬、南山下、黄泥头、南市街、湘湖、月光山、白虎湾、柳家湾、现中国轻工业陶瓷研究所、现景德镇陶瓷大学、董家坞等30多处均有宋代的窑址,可见当时景德镇的瓷业已相当兴旺。宋代的制瓷行业已从农业中分离出来,是独立的、分工细致的手工业,瓷石、匣钵及模具原料的开采,泥墩、釉墩和釉灰的生产,匣钵、模具的制造,也已从制瓷业中独立出来,成为服务于制瓷业的独立行业。同时,各种瓷业作坊也已有了较细的分工。例如北宋时期的龙泉窑,大多数窑场就地销售产品。在浙江以外地区发现北宋龙泉青瓷很少,在海外各国几乎没有出土。南宋时期,在城市发展、市民经济活跃、各地经济交流加强、政府鼓励海外贸易等因素的促进下,龙泉青瓷商品意识明显增强,生产进入活跃时期,青瓷的质地、制作工艺和艺术水平大幅提高,窑址的规模也不断扩大,不同档次的产品被大量生产出来,甚至出现专供某些地区需要的外销瓷。元代,海上贸易即陶瓷之路空前发展,龙泉青瓷生产数量猛增,考古调查中发现的窑址数量高出宋代三至四倍。

（2）政府海外贸易开放

宋、元两朝的对外贸易开放对外销瓷窑发展有着重大影响。从汉代至唐代,中原政权的对外开拓主要是向西域、漠北和云贵高原发展,海洋方向的开拓成就有限。海外贸易主要是奢侈品贸易,即以中国的丝织品和贵金属交换国外特产,贸易规模有限。前来中国贸易的番商,数量远多于前往海外的中国商人。往来中国的贸易船多数是番舶,尤以扶南舶、波斯舶为主。但到两宋时期,由于陆路西向发展受阻,中国的对外开拓方向为之一变,海洋事业逐渐发展。

造成宋元两朝海外贸易开放的原因很多,最重要的有两点。①财政需要:黄仁宇先生曾指出,宋元的财政结构是相对超前的,政府手中掌握了大量社会资源,也形成了大笔直接的军政开销,故两朝统治者均看好海外贸易的收入,将其作为"军国之所资"予以高度重视,推动海外贸易的发展势在必行。②文化传统:蒙古族作为北方游牧民族,对贸易的依存度是非常高的(对中亚花剌子模帝国的征服就因贸易纠纷而起)。在蒙古国时期,他们因为现实的需要和地理位置的优越,与中亚、阿拉伯、欧洲商人建立了长期的合作,商人在汗廷中有相当高的地位。征服宋朝后,这一草原时代形成的重商习俗并未改变,因此元朝在推动海外贸易的发展上更具积极性。另外,简单的民族血统区别几乎不能解答宋、元时期开放海外贸易的延续性,现实的需要以及由此形成的文化传统(元代重商)才是问题的关键。

宋元两朝虽然也力图管制和主导海外贸易,但寓管制于开放。对外贸易的基本国策是促进外销瓷窑发展的一个契机。元祐二年(1087 年),泉州设置市舶司后,令"招来岛夷,阜通货贿,彼之所阙者,如瓷器、茗、醴之属,皆所愿得"。特别是嘉定十二年(1219 年),政府为避免铜铁外流,下令"命有司止以绢布、锦绮、瓷器之属博易,听其来之多少"。政府对外开放优惠措施的实行与瓷器外贸的新经济政策,刺激了外销瓷窑的阶段性跳跃发展。朝廷和民间的合力,国内商品经济和航海知识的发展,造就了国人的重商和海洋意识以及海外进取精神,也使国人主导了印度洋以东的国际贸易和航运,堪与西方重商主义兴盛的 16 世纪前期相比。繁荣的海外贸易和移民也增进了与海外诸国的关系。民间海外贸易飞速发展,海外贸易品种众多,如丝织品有绸、缎、绫、罗、绢、纱、绉、纺等品种;而最大宗的商品瓷器则有青瓷、白瓷、青花瓷等系列的 10 多种商品,销往海外数十个国家和地区。政府也因民间商贸繁荣而广辟财源,中国瓷器成为东亚、西洋贸易的主要商品,从而促使外销瓷窑的发展更进一步。

政策支持、交通便利、供货充足,在这样的背景下宋元时期中日陶瓷贸易发展非常迅速。历史上北宋年间有记载的中国商人赴日贸易就有 70 余次;平安时代后期成书的《朝野群载》卷二十"异国大宋国客商事"条中,记载着 1105 年中国商人李允赴日贸易的货物量为 70 匹丝织物、300 床瓷碗、碟(约 6000 件);在元代"新安沉船"上发现了两万多件青瓷和白瓷等。

1978 年以前日本出土的能确定年代的中国陶瓷有 70%,而这其中有 75% 是宋元时期陶瓷,遗址数量有 500 多处,瓷器类型涵盖了宋元两朝绝大多数品种,例如定窑白瓷、钧窑钧釉瓷、耀州窑青瓷、磁州窑白釉黑彩瓷、龙泉青瓷、景德镇青白瓷、元青花、建窑黑瓷(天目瓷)、德化窑白瓷等,类型主要为日用瓷。其中九州博多市的两处遗址当时中国和日本陶瓷的出土比例约为 3∶7。如此多的陶瓷数量可以充分说明在宋元时期陶瓷已经飞入日本的"寻常百姓家",不再是某一阶层的专属品。

瓷器在日本的平民化,极大地冲击了的当地的制瓷业,镰仓时代许多工匠通过各种方式学习中国制瓷工艺,其中最广为人知的便是被誉为日本"陶祖"的加藤四郎。据载,加藤四郎于 1223 年 3 月自博多湾出发,经值嘉岛在中国的明州(宁波)登陆,之后再入福建,刻苦学习黑釉陶器的制作技术,1228 年学成后返日,开创了濑户烧,由此日本陶瓷进入新纪元。

第四章　中日陶瓷贸易曲折期

第一节　时代背景

明朝是中国历史上最后一个由汉族建立的大一统王朝，共传 16 帝，存在了 276 年。元末明初，日本封建诸侯割据，互相攻伐。在战争中失败的封建主，就组织武士、商人、浪人（即倭寇）到中国沿海地区进行武装走私和抢掠骚扰。明太祖的海禁政策表面上是为了对付转往海上发展的方国珍、张士诚叛乱集团以及倭寇对中国东南沿海的侵扰，但更深层的原因为传统重农轻商和重本抑末思想以及更加迫切的北疆之患。《皇明祖训·祖训首章》载："四方诸夷皆限山隔海，僻在一隅，得其地不足以供给，得其民不足以使令。若其不自揣量，来扰我边，则彼为不祥。彼既不为中国患，而我兴兵侵犯，亦不祥也。吾恐后世子孙倚中国富强，贪一时战功，无故兴兵，杀伤人命，切记不可。但胡戎与中国边境互相密迩，累世战争，必选将练兵，时谨备之。"朱元璋是明代典章制度的开创者，他建立的典章制度的基本框架对后世产生了深远影响。

海外政策也不例外，明太祖时期确立了明朝海外政策的基本框架，即朝贡贸易政策与海禁政策并行的体制。这其中，朝贡贸易政策是占有主导地位的政策，而海禁政策是为保证朝贡贸易顺利进行的辅助性政策。明朝的海外贸易政策与前朝相比，具有显著的不同。前朝或者根本没有朝贡贸易，或者在进行朝贡贸易的同时并不禁止私人贸易，而明朝的朝贡贸易则具有强烈的独占性和排他性，实质是要由官方来垄断一切海外关系，严厉禁止民间的海外活动。而它的这种独占性和排他性的实现就是由海禁政策来保证的。日本学者田中健夫将朝贡贸易政策和海禁政策称为"明朝对外政策的两大支柱"。① 这一评价是贴切的。中国学者万明也认为"朝贡贸易和海禁,构成明朝前期海外政策的整体体系,二者成为明朝前期海外政策的两大支柱,相辅相成,集中体现了明初强化集权的君主意志。"关于朝贡贸易政策和海禁政策各自的侧重内涵,万明进一步说道:"朝贡贸易是指明朝对外采取的与海外各国在朝贡形式下友好交往和通商贸易往来的政策,它涵盖的是海外政策对外态度的一面,而海禁的内容则主要是明朝政府禁止国内民间对外交往贸易,即侧重于海外政策对内态度的一面。与二者相联系的是海外政策内外有别的两个方面,却同样体现了明朝海外政策的总体特征。"②

　　明代之前,宋元时期也有短暂的海禁,但是从未像明朝这样长期、严格地执行过。明初之所以实行海禁,是因为当时的社会经济政治背景。从经济上说,明初是自给自足的自然经济,商品经济水平低下,没有进行海外贸易的强烈要求;从军事上说,明初东南沿海有两股势力对明廷构成威胁,一是被朱元璋击溃的张士诚、方国珍余部,二是从元末以来就不断骚扰东南沿海的日本倭寇,这两股势力使得东南沿海海疆不宁;从政治上来说,明太祖对内采取一系列强化中央集权、加强君主专制的措施,而对外实行朝贡贸易和海禁政策也是他权力强化的表现。洪武四年(1371 年)九月,太祖宣布了他的对外政策,同年十二月,又颁布了禁海令,"禁滨海民不得私出海"。③ 此后,太祖不断加强海禁,洪武十四年(1381 年)十月,明太祖重申"禁滨海民私通海外诸国"。④ 洪武二十年(1387 年)、洪武二十二年(1389 年)又颁布这种海禁诏令。除了诏令这种形式,《大明律》还以法律的形式确定海禁政策,所以它并非是一项临时政策,而是朱元璋深思熟虑下的一项既定国策。

　　在实行海禁政策的同时,明太祖大力发展朝贡贸易,他遣使四出,招徕东南亚诸国入明朝贡。洪武元年(1368 年)十二月,明太祖即遣使前往高丽、安南,拉开了明朝对外关系的序幕。洪武二年(1369 年)正月,他又遣使以即位诏谕占城、安南、爪哇、渤泥、三佛齐、真腊等东南亚国家,宣布明朝"正统",并邀请这些国家遣使入明朝贡,明朝的朝

　　① 　田中健夫《东亚国际交往关系格局的形成和发展》,上海译文出版社 1985 年版,第 153 页。
　　② 　万明《中国融入世界的步履——明与清前期海外政策比较研究》,社会科学文献出版社 2000年版,第 119 页。
　　③ 　《明太祖实录》卷 70,第 1300 页。
　　④ 　《明太祖实录》卷 139,第 2197 页。

贡贸易体系初步形成。但是,明朝与日本朝贡关系的建立却并不顺利,日本国内的分裂状态以及倭寇问题阻碍了两国关系的发展。洪武二年(1369年),太祖派遣行人杨载出使日本,一则为了建立朝贡关系,二则为了要求日本政府禁绝倭寇对中国的骚扰。但此时日本国内政局非常复杂。日本自1335年就分裂为南北两朝。封建领主足利尊氏拥戴光明天皇在京都建立室町幕府,逐渐取得统治地位。而反对足利尊氏的后醍醐天皇逃到吉野,建立南朝,与之对抗。到了明初,南朝的势力已经衰微,但是中日交通的要道——日本九州南部,仍然在后醍醐天皇的儿子怀良亲王的控制之下,怀良在此设征西府与室町幕府对抗。明廷派出的使节将外交信件送到了怀良亲王的手中,而与室町幕府并未取得联系。明廷认为征西府并非日本正统,再加上征西府根本无力整顿倭寇,双方的朝贡关系就没有建立。洪武十二年(1379年),胡惟庸案发,太祖认为胡惟庸与日本勾结、妄图谋反,因此下令中断与日本的关系。这样,双方的朝贡贸易未能实现。

永乐初年,中日关系解冻,朝贡关系也确立起来。明成祖想借朝贡贸易来搞好与日本的关系,以实现他"万国来朝"的外交理想,树立自己的威望,并借以消弭世人对他以非常手段夺取帝位的不满心理。永乐二年(1404年),成祖派遣赵居仁出使日本,表达通好之意。此时,日本国内政局已经稳定,幕府将军足利义满于1392年清除了盘踞九州一带的南朝势力,统一了全国。足利义满希望发展同明朝的朝贡贸易,以壮大自己的政治、经济实力。于是,幕府也于永乐四年(1406年)遣使来明,表示愿意通商和好,中日之间的朝贡贸易关系才建立起来。

这种官方的朝贡贸易也就是我们所说的勘合贸易。"勘合"是明廷发给外国来中国朝贡的凭证。自永乐至正德年间,明廷每当新君即位,即发给日本幕府勘合一百道,并收回前期未用完的勘合。明廷规定日本勘合船到达宁波后,先由浙江布政司会同宁波市舶司检验勘合,如无伪,则上报北京礼部,再一次验对无误,就允许日本贡使一行携带天皇进贡物、使臣进贡物及附搭品沿运河乘船入京。礼部在会同馆为其举行宴会和其他仪式,然后由明廷收下供品并给予回赐。如果携带商品过多,朝廷又不愿全部收购,则允许在会同馆明官吏监督下贸易三天。

明成祖时实行中日勘合贸易,抱有很强的政治目的。与其说它是一种经济往来,不如说是两国政府间的政治交往,是两国统治阶级建立和巩固邦交的一种特殊手段。从永乐二年(1404年)至永乐九年(1411年),日本朝贡船七次前往明朝,而明廷则六次派出使船赴日，双方往来相当频繁。这一时期的勘合船肩负着重要的政治外交任务。如日本第一次勘合船是接受明廷册封以后，向明廷表示谢意并祝贺成祖册立太子；第二次是向明廷献出被俘的对马、壹岐等地的倭寇头目；第三次是专程对明廷赐予幕府将军冕服、封其国山名表示答谢；第四次又呈献被俘倭寇；第五次则是因足利义满死去而专程到明廷来报丧；第六次是因为明廷派使节吊唁足利义满而专程来谢恩。可见，此时虽然双方使船有交换商品的活动，但并非以经商为首要目的，而是服从于政治上的交往。

另一方面，成祖还想通过勘合贸易这一渠道加强与日本的联系，从而可以借助日本政府的力量剪除倭寇。据《明太宗实录》记载，1406 年，明成祖"遣使赍玺书褒谕日本国王源道义（明朝对足利义满的称呼）。先是，对马、壹岐等岛海寇劫掠居民，敕道义捕之。道义出师，获渠魁以献，而尽歼其党类。上嘉其勤诚，故有是命"。① 可见，明成祖派去的这位使节是专程去表彰日本政府剿倭寇功绩的。这在明成祖为日本亲制的封山碑文中再次明确体现出来。碑文对足利义满铲除倭寇的行为大加赞赏："唯尔日本国王源道义，上天绥靖，锡以贤智，世守兹土，冠于海东，允为守礼义之国……迩者，对马、壹岐暨诸小岛，有盗潜伏，时出寇掠。尔源道义能奉朕命，咸殄灭之，屹为保障，誓心朝廷，海东之国，未有贤于日本者也。"② 明朝在日本举行了隆重的封山之典，而在与明朝关系更为密切的朝鲜与琉球却未组织这样的活动，其意图是明显的，即通过这一活动来加强与日本的关系，促使日本幕府协助明廷剿倭。

明朝前期，海禁政策和朝贡贸易政策互为表里，构成了当时对外贸易政策的基本框架，宋元以来的私人海外贸易受到压制，几无立足之地。中日贸易同样如此，两国间的勘合贸易成为当时唯一合法的贸易形式，私人贸易没有得到发展的机遇而陷入萧条。

明朝中后期，国内商品经济逐步繁荣起来，这表现在多个方面：商业性农业的发展、民营手工业的繁荣、大宗商品在全国范围内的流通、工商业城市及市镇的崛起、地域商帮的形成等。商品经济的迅速发展不仅打开了国内市场，同时也要求开辟海外市场，而中国所出产的生丝及丝织品、棉布、砂糖、瓷器等深受日本市场欢迎，双方的贸易需求成为中日私人海外贸易发展的推动力。

伴随着长期的航海实践，我国东南沿海地区的人民积累了丰富的航海经验和先进

---

① 《明太宗实录》卷50，第751页。
② 《明太宗实录》卷50，第752页。

的造船技术,编绘出往返于东西二洋各条航线上的详细线路。在吸取这些经验、技术的基础上,明清时期,我国的航海、造船技术进一步发展。航海方面,牵星术的运用更加成熟,并探索出多条往来于中日之间的航道;造船方面,沙船、广船、福船各有优势,成为进行海外贸易的得力工具。航海、造船技术的进步为中日私人海外贸易的发展奠定了坚实的基础。

最为重要的原因则是明朝中期朝贡贸易由盛转衰,而中日朝贡贸易的情况更不容乐观。朝贡贸易在明成祖时代最盛,永乐一朝,到海外宣谕的使者达21批之多,来中国朝贡的使团有193批。但成祖去世之后,朝贡贸易开始出现衰败的迹象,因郑和下西洋耗费了大量资财,明政府国力空虚,已经无力应付"厚往薄来"的朝贡贸易,正所谓"虽倾府库之贮,亦难满其谷壑之欲"。因此,明政府开始限制朝贡贸易的发展,中日朝贡贸易也因为政治、经济原因出现明显的衰败趋势。明成祖时期还希望通过勘合贸易来加强两国政府间的联系,然而,后来勘合贸易的这种政治色彩越来越淡,到最后几乎就成为一种商业活动。这是因为明初日本还处于幕府的统一领导下,但后来随着幕府力量的削弱,勘合贸易的经营权落到大名的手里,被细川氏和大内氏所控制。到了15世纪下半叶,日本国内战乱不休,幕府与各地大名都出现财政上的紧张,他们不惜将勘合出卖给商人,作为赚钱的手段。幕府与大内、细川氏规定,这些商人只要交钱若干贯,就可带货一驮,乘勘合船去明贸易。最初,商人的数量还不多,后来他们发现有利可图,于是数量大增。随行的商人甚至可以包租整条船,如1483年幕府的二条勘合贸易船就以四千贯文的价格包租给了商人。对这种情况,明朝也有所察觉。明人郑舜功评论道:"正德以来,夷中列国请充贡使入朝者,必先具钱一千贯,价值白银二百锐。纳于宫房,其余关节费万余金,乃得请给勘合一道。"[①]这类勘合船虽仍打着幕府向明廷进贡的旗号,但实际上已不完全是两国政府间的往来了,至少在日本那一方面,已经演变成在官方招牌下的民间贸易。终于在嘉靖二年(1523年),由日本大内氏所派的宗设谦道与细川氏所派的莺冈瑞佐、宋素卿为代表的两批日本朝贡使团先后到达浙江宁波。由于瑞佐、宋素卿贿赂了市舶太监赖恩,因此其船虽后到,却先于宗设办理船舶进港验货手续。同时,在市舶司的招待宴会上,瑞佐又被安排于首席。宗设大怒之下,刺杀了瑞佐,烧其

---

① 郑舜功《日本一鉴·穷河话海》,1939年排印本。

船舶,追杀宋素卿至绍兴,并沿途掠杀,"执指挥袁琎,夺船出海。都指挥刘锦追至海上,战殁",①这一事件史称"宁波争贡事件",成为明朝中后期对日关系的转折点,导致中日朝贡贸易关系迅速恶化并最终断绝。在双方贸易需求的推动下,私人海外贸易迅速发展起来,并逐渐形成有规模的海商集团。这些海商集团为了对抗明政府的海禁政策而发展成为海上武装集团,它们亦商亦盗,并与日本倭寇勾结在一起,最终酿成一场严重的社会动乱,给我国东南沿海人民带来了深重的灾难,也给中日关系带来了消极的影响。隆庆开禁后,民间海外贸易才具有合法性,从此,私人海外贸易开始取代官方朝贡贸易,成为明朝对外贸易的主体,虽然中日贸易却并不属开禁之列,但至少中日之间的海禁也有了某种松动的迹象。直到1592年爆发的万历朝鲜之役使双方关系再度紧张起来。这场战争从万历二十年(1592年)开始至万历二十六年(1598年)结束,历时七年。明朝"几举海内之全力",前后用兵数十万,费银近八百万两,历经战与和的反复,最终异常艰苦地赢得了这场战争的胜利。日本入侵朝鲜的一个重要目的是想打开中国、朝鲜的市场。明朝嘉靖年间,明政府完全断绝与日本的官方贸易往来,而朝鲜也仿效明朝,开始严格限制对日贸易。1565年,朝鲜政府规定把原先每年允许驶入朝鲜的50艘日本商船减少到25艘,每年运送到日本的大米也由原先的200石减少至100石,同时还把大批日本商人从玉浦港驱逐出去。与中国的贸易关系断绝,与朝鲜的贸易受到限制,这对日本的经济发展是一个沉重的打击。一方面,日本生产的硫黄、刀剑等商品失去了海外市场;而更为重要的一方面是日本市场对中国商品,特别是生丝及丝织品的需求得不到满足。因此,丰臣秀吉发动侵朝战争的一个重要目的就是打开中国和朝鲜的市场。当武力进攻受阻时,日本又希望在和议中实现这一目的。

　　1600年,德川家康在关原合战中击败了拥护丰臣氏的石田三成,掌握了日本政权,并于1603年建立起德川幕府。新的幕府统治建立后,一改以往的强硬政策,积极谋求恢复与中国断绝五十年之久的朝贡贸易关系。1610年,福建应天府商人周性如到达日本五岛列岛,德川家康将他们一行人邀请至江户,盛情款待,并颁发朱印状。在周性如返回中国时,幕府总管本多正纯代表德川家康致书福建道总督军务都察院都御史所(简称《致福建道书》),并委托周性如转交。由于中日双方断绝朝贡关系以来,鲜有书

---

① 张廷玉《明史》卷322《日本传》,中华书局1974年版,第348页。

信往来，因此这封书信就显得尤为珍贵。全文如下：

日本国臣上野介藤原正纯奉旨呈书

福建道总督军务都察院都御史所：

夫吾邦之聘问于商贸于中华者，杂出于汉、隋、唐、宋、元明之史及我国记家乘者昭昭矣。然前世当朝鲜纷扰之时，有中华之贵价来我邦，而译者枉旨执事抵牾，而其情意彼此不相通。比来海波扬而风舶绝，可谓遗憾。方今，吾日本国主源家康一统阖国，抚育诸岛，左右文武经纬纲常，遵往古之遗法，鉴旧时之炯戒。邦富民殷，而积九年之蓄，风移俗易，而追三代之迹。其化之所及，朝鲜、安南、交趾、占城、暹罗、吕宋、西洋、柬埔寨等蛮夷之君长酋帅，各无不上书输宾。由是益慕中华，而求和平之意无忘于怀。今兹应天府周性如者适来于五岛，乃诣上图因及此事不亦幸乎？明岁福建商舶来我邦，期以长崎港为凑泊之处，随彼商主之意交易有无，开大哄，岂非两国之利乎？所期在是此耳。比其来也，亦承大明天子之旨以赐勘合之符，则必我遣使船，以来秋之番风而西其帆者何疑哉？及符来，而我只遣大使船一只而已，明其信也。若余船之无我印书而到者，非我所遣也。乃是寇贼奸佞伏蹲岛屿，而猾中华之地境之类，必须有刑法。若又我商船之往还于诸蛮者，因风浪之难，有系缆于中华之海面，则薪水之惠何赐加之。今将继前时之绝，而兴比年之废，欲修遣使之交，而索勘之符，复古之功不在于斯乎？我邦虽海隔日出抑谚所谓蕞尔国也。中华以大事小之意，想其不废乎？然则来岁所为请颁符使来，则海东之幸，而黎庶之所仰望也。中华设虽贵重，而其不动遐迩博爱之意哉？感激之至，在于言外。

命旨件件请宣领诺。

岁舍庚戌季冬十有六日（家康朱印）

这封加盖有幕府将军朱印的信件，格式正规、措辞恭敬，在抒发了对中华仰慕之情的同时，表达了日方与中方重新建立朝贡贸易关系的强烈愿望。此外，德川家康还在1610年和1612年分别授意长崎市舶使司长谷川左兵卫和岛津家久在给明朝官员的书信中再次表达此意愿，足见其希望与中国通商的迫切心情。当时明廷礼部尚书徐光启就力主恢复与日本贸易，他认为："惟市而后可以靖倭，惟市而后可以知倭，惟市而后可以制倭,惟市而后可以谋倭。靖倭者何也? 彼有需于我而不可得,势不获已,故求通者万方。若酌量一贡市之规,使彼求可瞻而我法可久,即帖然相安矣。"但是,由于刚刚经历了朝鲜战争,明廷的主禁派占有明显优势,他们对日本非常警惕,强烈反对开海。吏部员外郎董应举在他的《严海禁疏》中提出要对日本严加防范。他对中国商民赴日贸易表示担忧,担心这会为日本进攻中国提供方便:"昔齐桓欲取衡山,而贵买其械欲收军实,而贵籴其粟。即倭未必然;然他日驾吾船以入吾地,海之防汛者民之渔者,将何识别;不为所并乎? 万一有如许恩、曾一本者乘,不贾白衣摇橹之祸乎? 又况琉球已为倭属,熟我内地,不难反戈;又有内地通倭者为之勾引。此非独闽忧,天下国家之忧也。"为防范日本,明廷在这一年又进一步重申对日贸易的禁令,增加了"通倭海禁六条"。鉴于"往者通番律轻,人多易犯",特将"走倭者、出本者、造舟与操舟者、窝买装运与假冒旗引者以及邻里不举、牙埠不首、关津港口不盘诘而纵放者,并馈献倭王人等以礼物者——他如沙埋之船当换,普陀之香当禁、船当稽,闽船之入浙者当惩,酌分首、从,辟、遣、徒、杖;着为例"。

虽说由于明廷始终对日本怀有戒心,以致双方的朝贡关系无法得到恢复,但日方对中日贸易的积极态度却为中国海商赴日贸易提供了宽松的环境,沿海局势有所缓和,明朝内部再度出现要求与日本通商的倾向。然而,不管是屡次颁布的海禁诏令还是更加严厉的"通倭海禁六条",都只是停留在政策层面上,在实际的贸易活动中,中日贸易非但没有被禁止,反而更加活跃。据《明神宗实录》记载,"通倭之人,皆闽人也。合福、兴、泉、漳共数万计。"在万历朝后期,多次出现政府抓获通倭之人的案例。万历三十八年(1610 年),"一岁之间,三获通倭人犯"。万历四十年(1612 年),浙江巡抚奏报:"臣檄行文武官密为缉访,亡何金齿山、定海、短沽、普陀等处屡以擒获报至。杭之惯贩日本渠魁如赵子明辈,亦并捕而置之理;累累多人,赃真证的。"[1]从抓获的贩日商人的数量上,我们不难想见当时对日贸易的繁荣景象。

随着明末政治的腐败,明廷的控制力更加削弱,海禁政策的废弛也日益加剧。天启帝在位七年,大宦官魏忠贤擅权,朝政腐败,况且朝廷的主要精力放在如何应付辽东危机上,对东南沿海无暇顾及,对沿海的贸易秩序也未做整饬。崇祯帝继位后,更注重国

---

① 《明神宗实录》卷 496—498,第 9340—9389 页。

内政局的安定，而对海外贸易之事不甚关心。私人海外贸易的发展势头已经不可阻遏，涌现出众多的海商集团。其中，郑芝龙海商集团势力最大，几乎完全控制了东南沿海的私人贸易。天启七年(1627年)，明廷对郑芝龙海商集团采取了一次较大规模的武装行动，福建巡抚朱一冯命都司洪先春前往清剿，结果以失败告终。明廷对郑芝龙无可奈何，遂改变策略，进行招抚，希望借他的力量暂时稳定住东南海域。崇祯元年(1628年)六月，"兵部议招降海盗郑芝龙"。七月，崇祯帝采纳了这一建议，下令兵部招降郑芝龙："郑芝龙啸聚弄兵，情罪深重。据奏敛众乞降，缚送伙党陈芝经输情悔罪，尚有可原。朕方弘恢武略，宣布德威；念此海滨蠢聚多迫饥寒，涂畔锋镝，亦属可悯！姑准抚臣朱一冯、按臣赵胤昌等奏，给予札付，立功自续：舟中胁从，尽令解散；海上渠魁，责令擒杀。"①而郑芝龙也愿意接受招抚，双方很快达成了协议。同年九月，郑芝龙正式接受福建巡抚熊文灿的招抚，授官防海游击。郑芝龙归降后不久，就开始陆续剿灭其他海商头目，接连消灭了李芝奇、李魁奇、钟斌和刘香的海商集团，这为其称霸东南沿海扫清了道路。他步步高升，由游击升为参将，由参将升至总兵，到南明唐王政权时更受倚重，陆续升至南安伯、平虏侯、最后被封平国公。郑芝龙在东南沿海几乎成为割据一方的诸侯，权势极大，其经营的海外贸易也迅速发展。史料记载："海船不得郑氏令旗，不能往来。每一舶例入三千金，岁入千万计，芝龙以此富敌国。自筑城于安平，海梢直通卧内，可泊船径达海。其守城兵自给饷，不取于官。旗帜鲜明，戈甲坚利。凡贼遁入海者，檄付芝龙，取之如寄。"②可见，郑芝龙已经垄断了东南沿海一带的海外贸易，明廷已经无法控制。在这种情况下，中国对日本、东南亚等地的海外贸易以郑氏海商集团为依托迅速发展起来。

与此同时，15世纪欧洲进入资本原始积累时期。西欧各国由商人、封建贵族和冒险家们构成的殖民主义势力为获得巨额黄金、白银和高额商业利润，纷纷来到亚洲，进行殖民掠夺，从事海盗和商业活动。最先到达亚洲的是葡萄牙人，接着是西班牙人、荷兰人，他们都在亚洲建立了自己的殖民地。弘治七年(1494年)，达·伽马首次航抵印度古里(今卡利卡特)，标志着葡萄牙海洋势力开始东进亚洲。葡萄牙人在南亚站稳脚

---

① 汪楫《崇祯长编》卷11《崇祯元年秋七月癸未》条，1967年版。
② 邹漪《明季遗闻》卷《福建两广》，《台湾文献史料丛刊》第5辑，大通书局1987年版，第98页。

跟后,又迫切地想要打通前往中国贸易的渠道,以控制中国—南亚之间的贸易。正德九年(1514 年),葡萄牙人到达广东沿岸的屯门岛,企图在这里建立一个据点。最初,他们一方面企图武力占据屯门,一方面又派舰队司令佩雷斯·安德雷德入京,要求建立官方关系。在这两种努力都未获实现后,希望落空的他们便在广东沿海一带骚扰、劫掠船只。葡萄牙人的海盗行径引起明廷的不满,先后多次驱逐,葡萄牙人负隅顽抗,从广东转移到福建、浙江,最后成功盘踞在澳门。

继葡萄牙人之后东来的是西班牙人,在完成了对中、南美洲的征服之后,他们也把矛头指向了亚洲,在多次争夺后,西班牙殖民者占据了台湾北部基隆、淡水一带。但在 1642 年,荷兰人攻占了西班牙在台湾北部的据点,西班牙被迫撤出台湾。此后葡萄牙、西班牙海上势力渐衰,荷兰控制了大员—长崎贸易,直到 1662 年才被郑成功驱逐出去。

而日本方面很好地把握这一次世界格局改变的契机,除了谋求恢复与中国的贸易来往,幕府对其他国家商人的赴日贸易也持欢迎态度。在幕府的积极鼓励下,葡萄牙、西班牙、荷兰、英国都先后与日本建立了贸易往来,并在日本建立了各自的商馆。由于当时外国商馆多建在长崎县的平户,贸易也多在平户地区展开,因此从 1600 年平户建立外国商馆开始至 1641 年荷兰商馆迁出平户的这段相对比较宽松的自由贸易时期被人们称为"平户商馆贸易时期"或"平户时代"。

在鼓励外商来日贸易的同时,德川幕府初期,日本还允许本国商人出海贸易,建立朱印船贸易制度。所谓朱印船就是指获得由幕府颁发的"异国渡海朱印状"可以赴海外特定区域进行贸易的船只。朱印状实质上就是日本海商出国贸易的许可证。由于朱印船贸易的主要区域为东南亚地区,因此,日本幕府向这一区域内的西属菲律宾、安南、柬埔寨、荷兰东印度公司等国家和地区贸易管理者发出请求,希望他们对日本的朱印船予以承认和保护。当然,这些地区的贸易管理者出于发展贸易获取利润的基本目的,都接受了日方的要求,朱印船贸易也就顺理成章地发展起来。

朱印船制度从庆长九年(1604 年)推行至宽永八年(1631 年),之后幕府虽又实行奉书船制度,但由于二者本质相同,故奉书船制度被看成是朱印船制度的一个延续,1635 年奉书船制度被废除。朱印船和奉书船制度前后推行 30 年,对日本经济和贸易的发展起到了十分积极的作用。首先,这一制度使日本摆脱了在东亚地区的贸易孤立状态。明中后期以来禁通日本,使得在东亚地区活跃的贸易圈中并无日本的身影。而这种日本商人走出国门,主动出击,发展外贸的活动使日本货物有了更广的销路,同时日本也从国际市场上获得了更多国内急需的外国商品,逐步摆脱了原有的孤立状态。其次,日本货物更多的出口刺激了日本国内商品生产的发展,而生产的发展又为贸易提供了更多的货物,形成了一种有机的良性循环。再次,日本商人大规模的出海贸易有利于增强日本的贸易自主性。如朱印船贸易制度实行以前,日本的生丝进口几乎由葡萄牙人垄断,朱印船出海以后,每年数十条朱印船从东南亚地区载回大量的中国生丝,打破了葡萄牙商人对日本对外贸易的巨大牵制力。最后,朱印船贸易的存在对中日贸易的保持和发展起到了非常特殊的作用。由于中国船只禁通日本,中日之间的直接贸易往来受到很大限制,但由于中日双方都有相当数量的海商到东南亚地区进行贸易,所以,双方既可以以东南亚地区为平台进行直接贸易,又可以通过东南亚商人之手获得对方的货物进行转运贸易。也就是说,在中国海商通过走私方式赴日之外,朱印船贸易又给中日贸易提供了一个既合理合法又简单快捷的新途径。但无论是平户时代的自由贸易政策还是曾经繁盛的朱印船贸易,都随着幕府对外政策的转变和锁国体制的出台戛然而止。

综上所述,明朝初期中日贸易主要还是朝贡贸易,后期则以私人贸易为主,但是,明朝的海禁一直存在,所以与日本的民间贸易都属于走私贸易,再加上葡萄牙、西班牙、荷兰殖民者的卷入,明朝时期中日间的贸易变得尤为复杂。

第二节　中国陶瓷发展

明代的瓷器发展可谓是承上启下,继承了元朝瓷器的大发展,承接着清朝瓷器鼎盛时期。明代的日用瓷器,除了宋元时期的大窑场如磁州、龙泉等地仍有烧造,不同程度的粗、细陶瓷器生产遍及山西、河南、甘肃、江西、浙江、广东、广西、福建等地。明代外销瓷的生产主要在福建,广东也有着相当大的规模。但是,代表整个制瓷业最高水平的是全国制瓷业中心——江西景德镇。

明代景德镇能够成为瓷都,其实在元代已经打下了基础。元代青花、釉里红新品种的烧造成功都为其辉煌的成就创造了技术条件。但是,景德镇在元代的全国制瓷业中还不能处于领袖的地位。因为当时还有龙泉、磁州和钧窑等具有相当规模的各大窑场。入明以后,景德镇以外仅存的几个大窑厂如:龙泉窑、钧窑、磁州窑等相继衰落,许多持有特殊技能的制瓷工匠纷纷聚集至景德镇以求谋生,使得景德镇成为瓷业中心并有了强大的吸引力。宋应星在《天工开物》中便曾言:"合并数郡,不敌江西饶郡产……若夫中华四裔,驰名猎取者,皆饶郡浮梁景德镇之产也。"从此,中国的制瓷工业就以景德镇为中心,开启了中国瓷器发展史上的另一辉煌盛世。

山东博物馆藏明洪武釉里红缠枝莲纹大碗

作为全国瓷业中心,景德镇瓷窑的规模很大。以民窑来说,正统元年(1436年)浮梁县民陆子顺一次就向北京宫廷进贡瓷器五万余件,可见民间生产量之巨大。随着民营瓷窑的不断增多,到嘉靖十九年(1540年),"浮梁景德镇民以陶为业,聚拥至万余人"。《天工开物》记述了制瓷生产过程:"共计一坯之力,过手七十二,方克成器。"劳动力一般分为三个方面:第一是流入城镇的农民,但这些只能作为辅助工;第二是世代相传的制瓷工匠,这是制瓷佣工中的主体,但是这批熟练的工人都被四年一轮的"轮班"制所强制,不得不在官手工业中劳动,直到万历十二年(1584年),朝廷将官匠改为匠籍制度,这些熟悉的工人才能积极发挥出自己的优势;第三便是辅助工役,长期辅助熟练工进行制瓷工作。明朝民窑瓷器比官窑瓷器显出更多的优势。嘉靖时,民营瓷窑的窑炉,在燃料消耗量相同的情况下,每一窑的产量比官窑的产量多三倍以上。在官搭民烧制度的基础上,明代有专门经营高质量的细瓷并为宫廷烧造钦限御器的民窑。景德镇民窑的产品,通过瓷商运销全国各地。

明代景德镇瓷器品种按其制作工艺可分为:釉下彩、釉上彩、斗彩、五彩及单色釉、杂色釉。

(1)釉下彩:主要指青花、釉里红、青花釉里红、蓝地白花等。明代是青花瓷发展的巅峰时期,开国皇帝朱元璋时期的青花瓷基本还是延续元朝风格,器型粗大,胎体厚重,青花色泽偏灰,装饰线条粗疏豪放,与元青花非常接近,很难区分,目前还未真正发掘出洪武官窑年款的青花瓷。永乐和宣德时期,青花瓷烧造达到了顶峰,郑和七次下西洋,进一步发展了与东南亚、西亚的贸易联系,带回了名为"苏麻离青"的釉料。典型的永乐青花瓷器便是使用这种料描绘,呈色浓艳,有如中国传统水墨画,造型上也吸收了许多外来元素,圆润、灵巧,例如各式扁壶、扁瓶、烛台、天球瓶等。宣德时期的青花更古朴、典雅,被誉为"开一代未有之奇",自此,青花瓷成为中国瓷业发展的主流,形成了青花瓷器异彩纷呈的局面,一直到今天。釉里红创烧于元代,洪武时期的釉里红器型也多

景德镇陶瓷考古研究所藏明洪武青花折枝花卉纹盖罐

明永乐青花云龙纹天球瓶

与元朝类似,大盘、大碗、大罐、玉壶春瓶、梅瓶、执壶等多为大件,纹饰以各种缠枝、折枝和花卉为主,但是这一时期的釉里红发色不甚鲜艳,受欢迎程度和青花瓷不能相比。

故宫博物院藏明宣德青花缠枝花纹花浇

（2）釉上彩:分釉上单彩和釉上多彩。釉上单彩有白地红彩,白地绿彩,白地黄彩、金彩,黄地红彩,黄地青花,青花红彩等;釉上多彩主要是指斗彩和五彩。斗彩,又称逗彩,其意是指釉下彩和釉上彩拼逗而成的彩色画面。斗彩工艺发明于宣德时期,成化时的斗彩极负盛名。五彩,俗称"古彩",也称"硬彩",五彩从宋、元的基础上发展而来,宣德时成就突出。至嘉靖、万历时,五彩瓷器享誉中外。

明宣德五彩花卉凤纹象耳瓶

明成化斗彩鸡缸杯

　　单色釉和杂色釉品种繁多,绚丽灿烂,在中国陶瓷史上大放异彩,与青花彩瓷并重。单色釉主要有铜红釉、蓝釉和甜白釉。铜红釉是一种以铜为着色剂的高温釉,永乐、宣德时烧造得极为成功,被世人称为"宝石红""霁红"等,之后极为少见,且质量大不如前。蓝釉以钴料为着色剂,入窑一次高温烧成。永乐蓝釉,蓝色纯正,釉面滋润;宣德蓝釉,犹如蓝宝石,故有"宝石蓝""霁蓝"等称谓。之后,各朝代虽有烧造,但质量明显下降。甜白釉是永乐时景德镇御器厂烧造的一种半脱胎的白釉瓷,因其具有甜润的白糖色泽,故得名,在永乐、宣德时达到鼎盛。以上红、蓝、白单色釉为明代单色釉最名贵的品种。此外,还有仿哥釉、仿龙泉釉、铁红釉(矾红釉)、黄釉、洒蓝釉(雪花蓝釉)等。

　　杂色釉,是指以多种色釉施于一器的瓷器,兴盛于明嘉靖时期,传世品极少。

故宫博物院藏明嘉靖五彩天马纹盖罐

故宫博物院藏明正德孔雀绿釉碗

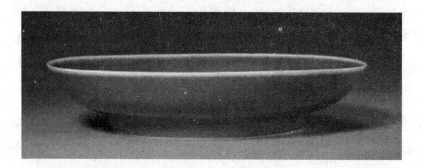

故宫博物院藏明永乐鲜红釉盘

故宫博物院藏明弘治黄釉描金双耳罐

第三节　中日陶瓷贸易概况

贡德·弗兰克在《白银资本》中记载:"日本向来是中国瓷器的主要出口地,明朝外销的瓷器中有20%输往日本。"但是,这个20%在目前官方的记载中很难找到确凿的证据。明朝终其300余年,对日都是"海禁"状态,假设这一记载属实,那么这巨大的20%陶瓷贸易量是怎么从中国销售到日本的呢? 通过对历史的了解,中日海上陶瓷贸易主要通过三种方式实现,即朝贡贸易、民间走私贸易和外商转运贸易,明初主要通过朝贡,同时伴随少量民间走私贸易;明中期开始,民间走私贸易越来越多,到了15世纪末期,外商加入进来与民间商人进行合作走私。

(1)朝贡贸易

明初厉行海禁和朝贡贸易,所以这一时期的陶瓷多数以赏赐品、交换品的形式通过官方贸易渠道传输出去。例如洪武七年(1374年)冬,琉球中山王泰度之弟泰期复来贡,"命刑部侍郎李浩赍赐文绮、陶铁器,且以陶器七万、铁器千就其国市马。九年下,泰期随浩入贡,得马四十匹。浩言其国不贵纨绮,惟贵瓷器、铁釜,自是赏赍多用诸物。"类似这样的记载还有不少,可见当时在明初朝贡贸易中,瓷器是重要的赏赐物品。朝贡贸易在明成祖时代最盛,永乐一朝,到海外宣谕的使者达21批之多,来中国朝贡的使团有193批。[①] 此后,朝贡贸易开始出现衰败的迹象,《明孝宗实录》记载,自弘治元年(1488年)至弘治六年(1493年),"海外诸国由广东入贡者仅占城、暹罗各一次。"到了隆庆年间,朝贡贸易体制趋于瓦解。整个明朝,中日朝贡贸易大约有20次,但是在宣德以后,明政府国力日渐空虚,无力应付"厚往薄来"的朝贡贸易,所以严格控制了日本朝贡的数量、次数,而明朝时期日本国内战乱不休,为了缓解财政压力日本政府不惜将朝贡贸易信物出卖给商人,到后期勘合几乎成为民间走私贸易的幌子,到了嘉靖年间,中日勘合贸易迅速恶化并最终断绝。

---

① 邱炫煜《明帝国与南海诸番国关系的演变》,台湾兰台出版社1995年版,第183—184页。

（2）民间走私贸易

在"土木之变"前，明朝走私贸易虽一直存在，但海禁较为严格，所以多数交易还是地下进行。而后伴随着朝贡贸易的衰落，民间贸易日益兴盛，尤其是正德三年（1508年）朝廷在广州实行贸易抽成政策，准许一般外国商船入口贸易，虽然不包括日本，但是在巨额的利润下，没有什么是不可能的。洪朝选《瓶台谭侯平寇碑》记载："嘉靖甲辰忽有漳通西洋番舶，为风漂至彼岛，回易得利，归告其党，转相传走，于是漳泉始通寇。"这样，在高额利润的吸引下，"异时贩西洋，类恶少无赖，不事先业；今虽富家子及良民，靡不奔走。异时惟漳沿海居民习奸阑出物，虽往，仅什二三得返，犹几幸少利；今虽山居谷汲，闻风争至，田亩之夫，缀耒不耕，赍贷子母钱往市者，握筹而算，可坐富也"，不少海商则更为狡猾，"往往托引东番，输货日本"。这些明确记载销往日本的走私中，很少见到对货品的明确记载，但是在一些关于陶瓷走私的记录中，可以看到当时瓷器也是走俏货，如成化十四年（1478年），江西饶州府浮梁县人方敏"明知有例：军民人等不许私出外洋，般接番货。不合故违，商同弟方祥、方洪，各不合依听，共凑银六百两，买得青白花碗、碟、盆、盏、灯项瓷器共二千八百个，用船装至广城河下。遇有熟识广东揭阳县民陈祜、陈荣，海阳县民吴孟各带青白苎麻等布，亦在本处货卖。敏等访得南海外洋，有私番船一只出没，为因上司严禁，无人换货。各不合与陈祜、陈荣、吴孟谋允，雇广东东莞县民梁大英，亦不合依听，将自造违式双桅槽船一只，装载前项瓷器并布货，于本年五月二十二日，开船越过缘边官富等处巡检司，运出外洋，到于金门地方，遇见私番船一只在彼。敏等将本船瓷器并布货兑换得胡椒二百一十二包、黄腊一包、乌木六条、沉香一扁箱、锡二十块过船。番船随即挂篷出外洋，不知去向"。[①] 我们无法证明这条记录中的货物是销往何处，但是可大胆推测，成化十四年，彼时外商还未到中国，而朝贡贸易中明朝和大部分国家相处尚属通畅，除了日本，彼时日本国内对于中国的丝绸和瓷器的需求是迫切的，按照商人逐利的本性，这船货物销往日本的可能性较大。

嘉靖以后，民间陶瓷贸易占据了主要地位，民窑的瓷器越来越多销往国外。此时由于倭寇猖狂，明政府一再加强海禁，甚至"寸板不许下海"，但是此时青花瓷已经在日本有了巨大的需求，虽然禁令频下，大量的青花瓷通过海上走私的方式销往日本。据姚士

麟的《见只编》所记,嘉靖年间的兰溪商人童华,曾受"胡制府令与汪、叶贸易,藉缓其兵"。据他回忆,"大抵日本所需,皆产自中国……如饶之瓷器,湖之丝绵,漳之纱绢,松之棉布,尤为彼国所重。海商至彼,则必以货投岛主……其货悉岛主议之,低昂既定,然后发市,信价更不易也。"在16世纪60年代中期,中国东南沿海的倭乱平息后,中日间的走私贸易从中国东南沿海往台湾和澎湖转移,隆庆新政后,私人海上贸易迅速发展到顶峰,逐渐形成集团,但16世纪最后的30余年,中日间的直接走私贸易并不发达,中日贸易几乎由葡萄牙独占,随后是荷兰,但是这些外商的加入也壮大了中国海商集团的走私力度。一方面,福建当局需要荷兰人和郑芝龙的帮助来维持沿岸地区的安定;另一方面,海外贸易对官员本身和当地经济都大有好处,基本上只要对朝廷交代得过去,没有反对的理由即可。只要福建官员拿到足够多的好处,就默许与荷兰贸易。荷兰东印度公司希望能和中国发展稳定的贸易关系,也需要像郑芝龙这样的人作为中间人,和中国当局沟通与提供中国的货品。作为中荷贸易的中间人,郑芝龙得以赚取大量利润。另在荷兰的帮助下,数年后,郑芝龙剿灭其他海盗,称霸中国东南沿海。

到崇祯元年(1628年)时,"船民千矣",其部众已达数万人,而到了南明时期,郑芝龙的船队最多时有三千余艘船。日本学者岩生成一在《近世日支贸易数量的考察》中提到"1611年到1646年约有1100艘唐船赴日",也充分佐证了其海商集团的强大。

(3)外商转运贸易

明后叶,中国的对外贸易几乎由葡萄牙垄断,即使到了世纪初,有了新竞争者荷兰的加入,葡萄牙的重要性仍然大于荷兰。从15世纪末起,欧洲进入资本原始积累时期,西欧各国殖民主义势力为获得高额商业利润,纷纷来到亚洲,进行殖民掠夺、海盗和商业活动,其中葡萄牙人、荷兰人在中日贸易中所占比例较大。

许多欧洲人都将日本作为与中国进行贸易的中转站,这一方面是由于日本和中国的特殊地理关系,很多中国货物可以先转运到日本再销往各地;另一方面是因为中日悠久的历史传统和人文纽带,使得两国之间的贸易往来一直非常密切。很多中国商人在日本置办房产、成家立业,日本成为他们的第二故乡。大批中、日商人从事着两国间的贸易活动,因此中国货物在日本应有尽有,欧洲商人可以直接到日本采购中国货物。

葡萄牙之所以能迅速兴起,有三项主要原因。一是由于中国的海禁政策,禁止中国人出海贸易,中国人和葡萄牙人总是一起合作贸易,他们彼此帮助,中国人负责提供货源,葡萄牙人负责销售。二是基于安全因素,中国将进行直接贸易的外贸中心自广州移出。三是其他亚洲国家在实力不足又欠缺国家背后支持的情况下,无法与葡萄牙人竞争。

最早与日本人通商的欧洲人是葡萄牙人。1543 年,葡萄牙人来到日本,并与日本开展了贸易。占据了澳门之后,葡萄牙人开辟了澳门——日本之间的贸易航线,将瓷器从澳门运到日本出售,可获得100%—200%的利润,其中根据徐光启的记载"彼中百货取资于我,最多者无若丝,次则瓷",可见瓷器在日本需求之大。到了1550 年,澳门开始了往日本的定期航班。葡萄牙商人最初在日本的停泊地是九州岛,直到1571 年长崎开港,才有了一个固定的贸易商埠,长崎变成了同澳门展开贸易的正式商业中心。第一个到达日本的荷兰人迪雷克·盖雷特斯·波普乘坐的就是葡萄牙商船,不过他第一次到达日本的具体日期不详。1584 年,他乘坐葡萄牙商船"圣克罗兹"号再次航行,并于1585 年到达日本。从 16 世纪中叶到 17 世纪初,中国和日本的贸易绝大部分为葡萄牙人所垄断,据黄启臣《明代广州的海外贸易》中记载,万历二十八年(1600 年),广州经澳门出口往长崎的货物中便有 2 万件瓷器。

葡日之间的贸易一直繁荣持续到了荷兰人的到来。荷兰东印度公司1608 年从日本幕府获得对日贸易的许可,1617 年,第一支大型荷兰舰队抵达日本,这引起了葡萄牙的嫉妒。为了防止荷兰人的大规模竞争,葡萄牙人加紧了自己在日本的活动。出于对葡萄牙人行为的担忧和其他各种因素,日本政府开始对欧洲人在日本的活动进行限制。葡萄牙与日本的贸易日益萎缩,在 1604 年,日本五个城市包括江户、大阪、京都、长崎、界市的商人团体成立了一个独买商会,实施制度,对葡萄牙进口的中国生丝设定收购价格,压缩了葡萄牙人的利润。政治方面,日本当局担忧信仰天主教的大名与耶稣会教士形成联盟会造成极端的危险,此政治上的问题使得葡、日关系日渐恶化,最终导致葡萄牙在 1639 年被禁止赴日贸易,只有荷兰人和中国人才被允许在日本经商。

在葡日贸易进行的同时,荷兰人一直谋求以各种方式抢夺台湾和澳门。1604 年,荷兰人在中国商人的引导下抵达澎湖,不久被明朝逐出。1607 年,荷兰人谋求澳门,但仍以失败收场。为了挑战葡澳对日本的贸易,以取得日本白银,荷兰于 1609 年在日本平户建立商馆。为取得中国的商品,荷兰东印度公司竭尽全力吸引中国商人到其所属的商馆(例如北大年、下港)进行贸易,中国商船载来生丝、丝绸、陶瓷和其他商品,将胡椒、檀香、象牙、白银运回中国。由于贸易严重逆差，荷兰从欧洲运来大量白银。1622年，荷兰再度攻击澳门，意图将葡萄牙赶出澳门取而代之，结果却伤亡惨重，无功而返。在进攻澳门失败后，荷兰人在1622年转往澎湖建立据点，1624年，在明廷的军事胁迫下，荷兰人转往台湾发展，从事转口贸易，将中国商品运往日本、巴达维亚（今印尼雅加达）和其他商馆。1633—1640年为台湾的黄金年代，对日的转口贸易取得极大成功。荷兰人购买中国商品有两种模式，一是向如郑芝龙之流的大商人订购，或是向散商购买。和大商人订购，要预付订金和签署贸易合同，并常会根据国际市场的需要，针对丝织品和瓷器量身定制。1641年起，提供重要货源的郑芝龙决定自己从事中日直接贸易，荷兰的对日贸易受到很大打击。

荷据时期中日对外贸易航线和商品

贸易航线	商品名称
中国大陆→台湾	生丝、纱绞、缩缅、缎子、纶子、坎甘布、麻布、衣服、砂糖、瓷器、黄金、白蜡、土茯苓、生姜、糖姜、茶、大米、小麦、面粉、酒、明矾、水银、锡、砖、瓦、板、柱、壶、铁锅、砂糖桶、木器等
台湾→中国大陆	白银、胡椒、苏木、丁香、没药、阿仙药、白檀、安息香、豆范、红色檀香木、沉香、犀牛角、象牙、琥珀、珊瑚、带羽毛的鸟皮、铅、铜、硫黄、鹿肉、鹿脯、盐鱼、鱼卵、紫薪、米、其他杂货
日本→台湾	丁银、蜡、木材、木棉、硫黄、大米、干鲽、铜
台湾→东京	硫黄、坎甘布、纺织品、瓷器、砂糖

（资料来源：杨彦杰《荷据时代台湾史》，台北联经出版社2000年版，第125页）

在荷兰人从事中日转运贸易期间，瓷器的贸易数量非常惊人。1635年，"阿姆斯特丹"号从我国台湾装运四船瓷器到日本，总数达135905件之多，含38865件青花碗、2050件青花盘、640件五彩盘、94350件小碗和茶杯。但是好景不长，1640年后郑芝龙集团抢占了中日市场，大明王朝日薄西山，战火从中国北方烧到南方，影响了南方瓷器生产，国内货源紧缺，荷兰人逐渐失去了中日贸易的市场。

中日贸易在明朝虽然发展得十分坎坷，但正因为官方各种围追堵截，反而促进了中日之间航线的开发。在长期的航海实践中，东南沿海人民绘制了一部沿海军事图籍《筹海图编》，其中卷二记载了两条东渡日本的航海线路：一是直接横渡东海的"太仓使往日本针路"，一条是"福建使往日本针路"。

　　福建使往日本针路从福州外港梅花开船,向东南取小琉球台湾方向,套北过鸡笼屿、彭嘉山后向东取钓鱼屿、赤坎屿方向,再到古米山,然后到大琉球,在那霸港泊船。船开出那霸后,基本上利用南风,沿亚洲大陆外围岛弧北上,过热壁山、琉黄山、田嘉山、梦加刺山、大罗山、万者通七岛山、野顾七山、旦尔山后到亚甫山。亚甫山平港口,其水望东流,甚急(九州岛南端暖流黑潮的流向)。船出亚甫山后,取东北方向沿亚慈理美妙或沿湾奴乌佳眉山后转北到麻山、大门山,然后到兵库山港,到兵库港后循本港再入日本国都。

　　太仓使往日本针路从江苏太仓开船,经吴淞江、过宝山、南汇出海后,南下到舟山群岛双屿港六横岛南方洋面,然后再取九山列岛方向,到九山后向东,二十七更过洋,可到日本港口。如果从乌沙门开洋,七日即到日本。

　　根据记载,从浙江诸港(温州/浙江定海南/宁波/普陀/尽山)、福建诸港(厦门/福鼎)出发的均有,基本只要能下海的地方,就有中日海商走过的痕迹,而外商转运的渠道相对就比较单一,葡萄牙人采用马六甲—澳门—长崎路线,荷兰人以台湾为据点往返长崎。

第四节　日本出土的中国陶瓷与日本陶瓷

　　14世纪末开始的明代陶瓷,出土遗址遍及冲绳全岛,不胜枚举,且出土量极大,迄今出土的破片恐怕有数万片,尤其是青瓷的出土量无法估计。白瓷与青瓷相比,好似小巫见大巫,即使如此,数目也相当可观,且出土器物的造型及种类各式各样。褐釉瓷的情况也大体相同。①

　　明代洪武年间,景德镇官窑已经大量烧造青花瓷,但是由于洪武官窑青花瓷不署年款,且在风格、样式上与元代青花瓷较为相似,因而给明初的青花瓷识别、断代带来了不少困难。另外,日本属中国文化圈,深受儒家文化影响,在洪武年间,国人尚且认为"有青花及五色花者且俗甚",更无论番邦属国了。永乐年间,这一观念在国内开始改变,青花瓷也在此之后渐渐东传,所以明初,日本尚以白瓷、青瓷和青白瓷的输入为主,相信

---

　　① 　三上次男《冲绳出土的中世纪中国陶瓷》,《海交史研究》1988年第2期。

这也是目前日本出土的明初青花瓷较少的缘故。

17 世纪日本青花瓷水壶

在日本发现的青花瓷多为 15 世纪以后的产品，15 世纪末，青花瓷开始大量输入日本。日本的佐佐木达夫曾经对尻八馆、浪城冈、堀越城、根城四地遗址出土的瓷器做过统计，其中年代最早的 13—15 世纪的尻八馆遗址青、白瓷数量高达 93%，而青花瓷只占 3%；与此相反的是，后三个 16 世纪遗址出土的青花瓷都在 50% 左右。[①] 15—16 世纪的民窑青花大量集中出土，"青花在这一时期虽然有大量的出土，但几乎全部是杂项器皿，有铭文的、堪称精品的实物一个也没有"[②]。景德镇民窑和当时官窑出品的青花

①　李天送译，佐佐木达夫《日本海的陶瓷贸易》，《中国古外销陶瓷研究资料》第三辑，1983 年版。

②　王仁波等译，长谷部乐尔《日本出土的元、明陶瓷》，《中国古外销陶瓷研究资料》第三辑，1983 年版。

瓷差距还是较大的。青花出土地点主要集中在东京的八王寺城址、山梨县一之宫町、岛根县广濑町富田川湖床遗址和富田古墓等。到了17世纪，青花瓷的输入又有所变化，一批特制的外销瓷开始进入日本。当时随着葡萄牙人澳门至长崎航线的开通，大量的克拉克瓷也随之传到日本，虽然这是针对欧洲市场的外销瓷，但在日本仍然受到欢迎并多有仿制。此外，还有一批专门为日本定制的青花瓷也在明末传入。在日本的奈良兴福寺一乘院，就出土了这样一批天启青花瓷，"有茶具、香盒、碗及扇形、提篮形各种日用器皿，其器型多数是按日本风格设计的，至于图案花纹，也有部分是日本的风格，这类器物在国内留存很少"①。

日本出土的明朝景德镇窑青花钵

　　除了青白瓷、青花瓷等大批输入，日本还出土了少量的明代白瓷、黑釉瓷、褐釉瓷。在冲绳群岛出土的中国陶瓷，自16世纪中叶开始数量减少，17世纪初期即明代末期出土量锐减，取而代之的是日本肥前瓷器②。

　　与明朝相对应的时间段，日本经历了四个时代：室町时代、战国时代、安土桃山时

---

① 冯先铭主编《中国陶瓷》，上海古籍出版社1994年版，第532—533页。
② 李天送译，佐佐木达夫《日本海的陶瓷贸易》，《中国古外销陶瓷研究资料》第三辑，1983年版。

代、江户时代,其间日本陶瓷业发生了较大变化。在室町时代和战国时代,因日本国内流行斗茶,对于青瓷茶碗、天目釉茶碗以及茶叶罐需求量极大,除了从中国进口,日本也开始仿制,当时日本有六大古窑分别是越前烧、濑户烧、常滑烧、信乐烧、备前烧、丹波立杭烧,但是由于技术局限性,仅仅只有濑户能制作出比较粗糙的施釉陶器。

1591 年,丰臣秀吉统一了日本全国,也是在这个时期,陶瓷业发生了质的飞跃。丰臣秀吉在 1592 年、1597 年两次侵略朝鲜,虽然战争失败,但是返回途中俘获了大量朝鲜人,其中不乏陶工,这些人到日本后迫于生计开始从事制陶,极大地促进了日本国内陶业的发展。1600 年,德川家康在关原合战中获胜,掌握大权。1603 年,德川家康在江户开设幕府,此时日本全国窑场已达两千家以上。

(1)濑户系

由于濑户地区连年战乱,陶工外逃,加上临近的岐阜县多治见市周围发现优质陶土,因此陶窑迅速增加,以美浓为中心成为新的制陶中心,产生了黄濑户、濑户黑、志野、织部等一系列新的品种。

桃山时代作品以菖蒲手黄濑户为代表,志野是日本国内首先制作的白色陶器,其意义深远。日本陶工受当时朝鲜李朝输入白地铁釉绘纹样的启发,制作志野的半透明釉药和蜂窝状的结构以及铁釉药绘纹样,具有典型的日本风格。

织部烧比志野、濑户黑产生晚,古田织部对日本陶艺界影响不仅限于美浓,还应包括伊贺、丹波、信乐、备前、唐津等窑。

(2)朝鲜系

西日本的制陶主要在九州,除室町以前的须惠器烧造,也烧造具地方特点的陶器。文禄·庆长之役(万历朝鲜战争)后,朝鲜李朝陶瓷器对本地影响最大,丰臣秀吉虽然征战朝鲜失败,但收获了陶艺和大量陶工,所以有人说这场战争是陶瓷之战。大量朝鲜劳力被掳回日本,使唐津地区制陶业迅速发展。

唐津烧初期是朝鲜陶工按李朝方式制作,原料由朝鲜运入,后在唐津附近发现陶土,以此地为中心先后建成窑场 130 处,统称唐津烧。当时代表作品有奥高丽茶碗、绘唐津、朝鲜唐津、斑唐津等一批珍贵品种。高取烧、上野烧、小代烧、萨摩烧等也均为朝鲜陶工参与建筑和发展的窑场。

文禄三年(1594 年),佐贺藩藩主锅岛直茂在文禄·庆长之役中掳走大批陶工,其中就包括李参平，后者于元和二年（1616年）发现了磁石矿，并在天狗谷筑窑，在日本国内首次制瓷成功，是为有田烧。这件事在日本陶瓷界具有十分重大的意义。与濑户的加藤四郎有釉陶器、柿右卫门彩绘一起称为日本陶瓷史上的三大革命。白瓷施透明釉，釉下多青花纹样，与中国的青花瓷非常接近。

在李参平白瓷烧造成功的影响下，有田制瓷业迅速发展，很快成为西日本的制瓷中心。有田烧的品种也由白瓷增加到染付、锦手、染锦和青瓷。受中国进口彩绘瓷器的影响，酒井田柿右卫门苦心研究，终于成功研制出赤绘技法，成为日本彩绘的始祖。

宽永五年（1628年），佐贺藩藩主锅岛胜茂在有田岩谷川开窑，后烧造出精美的色锅岛（即色绘的锅岛瓷器），色锅岛图样用黑线双钩描画，产品不外售，次品全部毁掉，实行严格的技术保密制度，所以不但形成了自己独特的风格且经久不衰。

第五节　小　　结

任何事物的出现和发展都不能摆脱时代的制约，明代中日贸易也不例外，它的兴起与发展被深深打上了时代的烙印。在古代，由于交通和通信手段的极端落后，国家间的交流、地区间的沟通是有限的。但是，伴随着生产力的发展，商品生产交换的规模逐渐扩大，尤其是15世纪末开始，在"寻梦东方"的驱使下，地理大发现拉开了序幕。弹指一挥间，西方探险家们不仅完成了人类历史上的壮举，而且世界五大洲相对独立隔绝的状态被打破。

16世纪，世界历史发生了质变，近代资本主义诞生，西方资产阶级登上历史舞台，近代资本主义文明以高屋建瓴之势冲击着古老的东方文明。它处处向世人昭示着一个新时代的到来。由于攫取利益是资本主义发展的第一需要，而西方的殖民者也正是在经济利益的驱使下走遍世界，所以在推行其海洋文明的历史过程中，商业贸易一直扮演着急先锋的角色。葡萄牙是最早来到亚洲地区的西方国家，以占领第一块亚洲殖民地满剌加（马六甲王朝）为标志，这一老牌殖民帝国开启了其在亚洲的殖民历程。斗转星移，当历史的车轮转到1644年，葡萄牙人已经东来一个半世纪了。在这一百多年间，他们占据了印度的果阿、马来半岛南端的马六甲、中国的澳门等地，建立了线型的东方海上帝国。从16世纪后半期至17世纪前期,葡萄牙作为中日之间最主要的贸易中转商,每年都把大量的中国商品运到日本去贩卖,几乎垄断了所有的对日贸易。澳门—长崎航线也成为当时最主要的对日贸易渠道。

1640年前后,曾经盛极一时的澳门—长崎航线走向沉寂,素有17世纪"海上马车夫"美誉的荷兰人接过葡萄牙人手中的旗帜,继续在中日贸易中发挥着重要的作用。荷兰人在航海事业上起步较晚,但成熟的航海、造船技术,先进的经营理念使其迅速崛起,到17世纪,荷兰成为海上的第一强国,荷兰船只的吨位占全世界船只总吨位的四分之三。与此同时,荷兰在亚洲的势力也得以扩张,占领了印度尼西亚的爪哇岛及摩鹿加岛(今马鲁古岛)等地后,他们于万历二十九年(1601年)、万历三十一年(1603年)两次派遣船只到中国要求互市,但均未得到明政府的允许,打开与中国贸易的通口成为荷兰人迫切的愿望。天启二年(1622年),荷兰如愿占据澎湖,但其强盗般的行径引起明廷的强烈不满。天启四年(1624年),明廷收复澎湖,荷兰转而占据台湾南部。崇祯十五年(1642年),荷兰击败西班牙,独占台湾并控制了大员—长崎贸易。但总体而言,荷兰在台湾的对日贸易并不顺利,进入17世纪中叶后,大员—长崎贸易走向衰落。

综上,西方殖民者东来亚洲的叵测居心毋庸置疑,其在殖民地的野蛮行径以及造成的灾难性后果也无须多言,但他们向世人昭示了一种新的经济模式正在冲击传统的小农经济,成为世界经济发展的主流。历史的进程也进一步证明其强大的动力,推动了世界格局新的发展。而纵观他们在亚洲地区的活动,尤其是明代与中日贸易相关的经济活动,为清代中日贸易的发展起到了诸多重要的作用。

首先,明代厉行海禁,即使在明末海禁政策有所松动的时期也从未放宽对日本的禁航令,因此,中国私人海商的赴日贸易在明代是非法的,遭遇了朝廷很大的阻力。而西方殖民者参与到对日贸易中来,并以澳门、大员等地作为中转港口,有力地配合了中国海商们冲破朝廷禁令的斗争,丰富了中日之间的贸易渠道,扩大了双方的贸易规模。

其次,由于葡、荷等国商人的居中转贩,大量中国货物进入日本市场,中国货物的增多扩大了其在日本的消费群体,刺激了日本对中国货物的消费需求,增强了中国商品对日本市场的吸引力。而这种习惯性需求的养成和扩充则为中日贸易的持续、稳定发展提供了动力。如在清代的某些时段,日本无法获得足够的中国商品时就会通过对马藩—朝鲜和萨摩藩—琉球的贸易航路来竭力获取不足的部分。

第三,西方殖民者在长期的海外贸易过程中积累了相当丰富的贸易经验,如他们对利益来源的敏锐洞察力,对经济贸易资源的充分利用,富于冒险的商业精神和对经济利益的不懈追求都给中国海商提供了良好的借鉴。我国海商们需借鉴西方经验毋庸置疑,但更应该借鉴西方经验的是清政府。西方国家几乎都通过经营海外贸易使国家在相对较短的时间内积累了巨额的财富。这种贸易富国的理论和实践经验,以及出于经济利益的考虑实行的鼓励海外贸易的政策和与此相关的管理规定,本应成为清廷制定海外贸易政策的指南。清政府如能借鉴西方国家的成功经验,仿效西方国家的政策,其焕发出来的力量必然远远超过个体海商零散的吸收借鉴。但囿于传统思想的限制,清廷并没有让我们的美好设想成为现实。在西方列强纷纷通过海外贸易迅速致富、增强国力之时,清廷却对当时中国优越的贸易条件和丰富的贸易资源视而不见,仍在重农抑商思想的指引下,在"君子寓于义,小人寓于利"的自我慰藉中,沿着封建主义千年不变的老路踟蹰而行。

中国和日本作为明代中日贸易最根本的两个参与者,各自国内的政治形势、经济发展状况、统治者意图、贸易政策、贸易状况等对两国之间的贸易都产生了深远的影响,使得这一时期中日海上贸易呈现出了明显阶段性特点。明代对外政策的调控直接影响着陶瓷的外销。纵观明代陶瓷的外销,从洪武时期的"最严海禁"到嘉靖时期的"争贡之役",朝贡贸易占主体地位,私人海上贸易虽有发展但未成气候。"隆庆开放"后,中日私人海外贸易迅猛发展,虽法令明文禁止对日贸易,但是对于无孔不入的私人贸易来说收效甚微。到明朝大厦将倾之时,内忧外患的加剧使得海禁已如一纸空文,私人海上贸易甚至形成了海商集团,与葡萄牙人、荷兰人联合走私,最终郑芝龙海商集团把握时机,垄断了明末所有的对日贸易。这些贸易的方式无不与各时期的对外政策的调整相契合。

这也是我国历史上一个特殊的朝代,中国封建社会在这里由盛转衰,西方殖民势力也在此时来到东方,向中国在东亚和东南亚的传统地位发起了挑战,国际政治、经济格局发生了改变。而这些发展和变化无不从明代陶瓷的生产和外销中一一折射出来。正如许之衡《饮流斋说瓷》所云:"盖瓷虽小道,而于国运世变亦隐隐相关焉。"

黑格尔说过,每个时代都有它特殊的环境,都具有一种个别的情况,使它的举动行事,不得不全由自己来考虑、自己来决定。明朝政府作为一个以农民为主体的大陆型超大型国家,当时还面临着北方民族的威胁。为了社会的安定和政权的维系,明代近三百年的历史中,哪怕国际贸易最盛的晚明,每年出口商品的离岸总价值约为数百万两白银,乍看好像是一个很庞大的金额,但只不过约为政府总收入的十分之一,所以对于统治者来说并不是那么重要。在这种背景下,中日陶瓷贸易多数通过走私进行,虽几番起落,但盛况不减,走私瓷器品种除了涵盖中国青瓷、白瓷、青花瓷、彩瓷等各时代翘楚,还出现了专门定制的日本风格瓷,这些都有翔实可靠的资料记载。

　　但是对于日本来说,明朝的海禁政策确实阻挡了他们的需求,在巨大的利益和需求下,各种障碍不仅没有阻挡中日双方对彼此的贸易诉求,反而激发了日本陶瓷行业思变的斗志,他们寻求各种方式发展本国瓷业,例如远赴中国学艺、掳掠朝鲜陶工、政府政策支持,多管齐下后,日本的陶瓷业有了质的飞跃,至今仍令人称颂的伊万里窑、有田烧、肥田烧等均创烧于此时。同时,荷兰人因为中国战乱不断、郑芝龙毁约的关系,无法从中国获取陶瓷,开始将目光转向了日本,虽然从1641—1644年荷兰东印度公司的记录中准确记载从日本获取陶瓷的记录只有两条,数量也远远无法和中国相比,但这依然是日本陶瓷贸易走向世界的开始。

荷兰东印度公司荷日陶瓷贸易明细

1641 年 4 月 19 日	日本→台湾安平	载丝织品 22 箱、粗瓷器 1741 个、精制硫黄 10000 斤、白砂糖 42443 斤、日本檩梁材 100 根、地板石 1000 块
1644 年 12 月 12 日	日本→台湾安平	日本士回德银 25000 两、各种瓷器 202332 个、糖腌生姜 10762 斤、茯苓 2468 斤、丝袜 1355 双、白捻丝 90 斤、丝绵 108 斤、硫黄 10864 斤、Armosijn80 匹、红铜板 19 块

（资料来源:郭辉、工世庆译《巴达维亚城日记》,台湾地区文献委员会编印,1990 年）

第五章　中日陶瓷贸易逆转期

第一节　时代背景

纵观对清代中日贸易产生影响的众多因素，国家贸易政策的影响无疑是最直接也最大的。它体现着国家对此项贸易的总体态度，营造着贸易的总体氛围，把握着贸易发展的宏观走向。清廷入主中原后，顺治帝随即开始调整对日贸易政策。在双方朝贡贸易未能建立的情况下，清廷特许中日私人贸易的存在。康熙帝收复台湾以后，大开洋禁，私人出海贸易得到国家的许可，中日贸易随之获得飞速发展。雍正帝为解决中日贸易过程中出现的新问题，在继承以往政策的基础上创立了商总制度。乾隆以后，由于中日贸易在整个国家经济生活中的比重逐渐降低，清廷的中日贸易政策基本趋于稳定，没有出现大的变化。

顺治皇帝是清朝入主中原后的第一代君主，而清代由东北地方民族政权向统一的中央政权的转化，使得顺治帝的政策有了更为广泛的影响范围。他将明代中后期以来对日本实行的洋禁、极端仇视和对抗日本的政策做了大范围的调整，积极谋求与日本建立朝贡贸易关系，甚至在全面实行海禁的情况下仍单独允许对日牌照贸易的存在，足可见对日贸易在清初海外贸易中所占的特殊地位。

清是代明而起的少数民族政权，刚刚从东北一隅走出来的清统治者，在面对广袤的中原大地和众多的汉族民众时，表现出了作为少数民族政权在机构设置、统治经验、文化底蕴等多方面的劣势。而定都北京的既成事实迫使他们不得不立刻拿出行之有效的政策来驾驭这个庞大的帝国。在这种情况下，"清承明制"便成了最简单快捷又行之有效的方法。可以说，清对明的继承远远比"汉承秦制"更为全面，清代几乎照搬了明代的整个统治机器，然后在此基础上根据历史经验、时代需要和本民族特色进行有效的增删调整。这种制度上的承袭体现在海外贸易政策上即是模仿明代做法，推行朝贡贸易制度。

由于清政权起自东北，地理位置上的临近使得清廷很早便把日本作为朝贡贸易争取的对象之一，早在皇太极时期便有争取日本入贡的意向。1637 年，皇太极在亲征朝鲜大获全胜后向朝方提出的招降条件中即有这样的条款："日本贸易，听尔如旧，但当导其使者赴朝，朕亦将遣使至彼也。"①其中的意图很明显，就是希望朝鲜作为中日两国的中介，游走其中，争取日本早日臣服于清，成为以清为核心的朝贡体系的一员。1644 年 6 月，日本越前国（今日本福井县）商人竹内藤右卫门等人漂到中国珲春附近，后被送至北京。顺治帝对他们进行了妥善安置，并于顺治二年（1645 年）十一月将他们送往朝鲜，准备经朝鲜再送回日本。据史料记载："启程时 13 人都骑着马，有 100 余名清军护送，打着大龙旗，拿着箭戟，一直送到朝鲜国境。"后来，这些日本漂民经釜山、对马岛，于次年 6 月返回大阪。顺治帝在给朝鲜国王的谕旨中表示："今中外一统，四海为家，各国人民，皆朕赤子，务令得所，以广同仁。前有日本国民人一十三名，泛舟海中，漂泊至此，已救所司周给衣粮。但念其父母妻子远隔天涯，深用悯恻，兹命随使前往朝鲜，至日，尔可备船只转送还乡。仍移文宣示，俾该国君臣共知朕意。"②顺治四年（1647 年），在清廷平定浙东、福建后颁布的诏书中再一次表露此意："东南海外琉球、安南（越南）、暹罗（泰国）、日本诸国，附近浙、闽，有慕义投诚、纳款来朝者，地方官即为奏达，与朝鲜等国一体优待，用普怀柔。"③

但对于清廷的各种积极示好，日方始终无动于衷，没有给清廷任何积极的回应，双方的朝贡关系更是无从谈起。日本之所以对与中国建立朝贡关系持如此消极的态度，原因主要出于以下几个方面。首先，日本自德川秀忠继任将军后加快了锁国的步伐，不仅日本人出海贸易被完全禁止，与外界沟通的渠道也因幕府的政策所限变得极其狭窄，日本的政策已从开放转向全面收缩，清廷于此时提出建立朝贡贸易关系的建议显然不合时宜，很难引起日本幕府的共鸣。其次，这种朝贡贸易关系对日本缺乏经济上的吸引

①　吴晗辑《朝鲜李朝实录中的中国史料》，北京中华书局，1980 年标点本第 9 册，第 3593—3594页。

②　《清世祖实录》卷 21，北京中华书局，1985 年影印本，第 186 页。

③　《清世祖实录》卷 30，北京中华书局，1985 年影印本，第 251 页。

力。此时日本虽已进入锁国阶段，但仍可通过多种渠道获得他们需要的中国物资。如中国海商直接赴日贸易、台湾郑氏势力经营的对日贸易、荷兰商人转运中国货物至日本等，以上诸多渠道的存在，保证了中国货物的对日供应，淡化了当时朝贡贸易的经济意义，使得幕府对中方提出的建立双方官方贸易的建议置若罔闻。第三，日本自古以来一直以中国为模仿和学习的榜样，在全面借鉴中国的政治经济制度的同时，中国的思想文化观念也对日本社会产生了深远的影响，"华夷观念"便是其中的代表。在这种观念的作用下，当他们得知披甲辫发的满洲贵族成为中国的新主人后，认为中国"先王礼文冠裳之风悉就扫荡，辫发腥膻之俗已极沦溺"①，把明清易代看成是"鞑虏横行中原，是华变于夷之态也"。试问日本对清政权抱有如此鄙夷之心态，又怎么可能向清称臣朝贡呢？

日本这种消极漠然的反应，对于长期以来一直以泱泱大国自居的中国来说，无异于一种无声的挑战，尤其在清王朝刚刚入主中原，急需建立自己"天朝上国"威望的关键时刻。清廷对此心怀不满，正如郁永河在《海上纪略》中所谈到的那样："日本即古倭夷，于海外为莫强之国，恃强不通朝贡，且目中华为小邦，彼则坐受诸国朝贡，夜郎自大，由来久矣。"但在冷静地分析了当时的情况后，清廷还是理智地接受了这一现实。首先，虽说清王朝业已定都北京，做了整个中国的新主人，但放眼望去，整个中华大地烽火遍地，狼烟四起。北有叛降不定的漠西蒙古准噶尔部，南有虽颠沛流离但仍苟延残喘的南明政权，东南有困守海岛的郑氏势力。不仅如此，当时的民众也并未从心底接受新政权，国内统治的全面稳定尚需时日。面对这种极端复杂的国内环境，清廷无暇与日本过多纠缠，同时也需小心谨慎处理以免带来更多麻烦。其次，昔日元世祖忽必烈数次侵日遭遇"飓风"大败而归的事实使得他们始终未动武力征服日本的念头。第三，清初中国铜料的严重短缺使得中国不得不依赖从日本进口，如与日本关系闹僵会影响到铜料贸易，进而影响到国家的货币稳定性。所以，清廷对日本一直采取谨慎和放任的态度。从上面的分析我们可以看出，清政府对日本采取默许的态度是形势使然，是在当时矛盾丛生、极端复杂的形势下做出的无奈选择。

顺治入关以后，在积极推行朝贡贸易的同时，对于私人贸易还是采取禁止态度。顺

---

① 《日中川忠英清俗纪闻》，北京中华书局 2006 年版，第 5 页。

治三年（1646 年），清廷便颁布了《私出外境及违禁下海律》，对私人出海贸易问题做出明文规定："凡将马牛、军需、铁货、铜钱、缎匹、绸绢、丝绵私出外境货卖及下海者，杖一百。挑担驮载之人，减一等。货物、船车并入官。于内以十分为率，三分付告人充赏。若将人口、军器出境及下海者，绞；因而走泄事情者，斩。其该拘官司及守把之人，通同夹带，或知而故纵者，与犯人同罪。失觉察者，减三等，罪止杖一百。军兵又减一等。"①

顺治九年（1652 年）发生的一起山东即墨商人私通日本的案件的审理更能清晰地反映出这项规定的执行情况。该年二月，黄之梁、可翰明、杜得吾等人"潜纠不逞之徒，各买绸绫毡布等货，挈附来相之舟。假道庙湾，售之倭国。走险若骛，甘冒厉禁"②。在赴日销售掉所有携带的货物后，他们于次年四月携带从日本贩运的"胡椒、紫檀、钢藤"等物回国，返回山东即墨女姑口之后被人告发。此案经过审理，判决如下：1. 黄之梁等通番商人"俱合依将段疋绸绢丝绵私下海货卖者律，各杖一百"；2. "薛来相、周尚文、段安俱依驮载之人减一等律，各杖九十，货物、船并入官"。此外，在禁海令中有"若将人口、军器出境及下海者，绞"的相关规定。所以官员在具体的审理过程中，对人口、军器问题进行了详细检查。结果发现船上有网巾、假发等小孩扮戏之物，但并没有发现小孩。于是，审查人员怀疑该船将小孩贩卖到日本，但经反复审讯才得知小孩因为遭遇飓风而坠海，并非以"人口售之于倭"，因此免于以人口出境罪论处。而对于船上存有钢藤、弓矢等违禁之物，考虑到上述物品是用来自卫的，"亦与私将军器下海者有殊"，对携带武器一事并没有追究。从清廷的规定和相关案件的审理，我们可以知道当时清统治者着意加强对私人出海贸易的管理，但是相较于明朝更具有可操作性，官员可以执行，重在管理而非打击私人贸易。

由于当时我国铸币铜料紧缺，而日本是当时铜料的主要输出地，因此对日贸易肩负着为国家提供铸币材料的重要使命。基于此，顺治二年（1645 年）清政府颁布敕令："凡商贾有挟重资愿航海市铜者，关给符为信，听其出洋，往市于东南、日本诸夷。舟回，司关者按时值收之，以供官用。有余，则任其售于市肆，以便民用。"③敕令中有两个关键用语，"关给符为信"，即政府发放牌照，允许商人赴日贸易，非"私出"行为"以供官用"

① 《大清律例》，天津古籍出版社，1993 年标点本，第327—328 页。
② 《明清史料》，北京中华书局，1987 年校勘本上册，第349 页。
③ 张寿镛《皇朝掌故汇编》卷十九《钱法一》，光绪二十八年（1902）求实社铅印本，第1—2 页。

即出洋是为国家收买铜料，非"违禁"行为。而关于这一时期中日之间的牌照贸易，只能在一些零星史料中看到只言片语的记载。据《朝鲜李朝实录》载，仁祖王二十三年清朝顺治二年十月丙戌，黄海监司郑维城驰启曰："今月初三日，汉船一只，自白翎镇外洋漂到吾义浦，船中人皆汉人之剃头者也。其中有马儒者，自称清国潜都司，以天津军饷贸贩事出来，遇风漂来云。"备局令其道厚给衣粮而送之。①

从以上史料记载中可以推断，首先，材料中提到的马儒自称为"清国潜都司"，单从他亮出清朝官员这一身份，足可见当时清廷官员出洋贩运并不是违禁行为，那么这艘船极有可能是领有牌照的出海船只。其次，"以天津军饷贸贩事出来"说明出海的目的是购买一些国内急需又相对比较紧缺的物资。

《明清史料》中提到的一桩案件也涉及海禁前的牌照贸易，顺治十一年（1654年），"南台牙户陈肇鼎，因都司库乏黄制药，遂藉居奇，纠集夏元一、李伯雷、谢明卿、郑伯玄，指称借贷，各凑重资，打造大船"，并于次年二月出海贸易。他们出海后贩卖了大量的番货带回国内，事发被捕。整个案件的审理过程出现了"认领照票采买""呈请院道给文采办""黄土查系奉文采买"等字样，说明此船只出海确实领有官方发放的牌照，是以为官方收买硫黄的名义出海的。而从史料记载中数次提到的"查详允给牌在十一年七月内""在未禁之先"来看，这种官方允许的牌照贸易应局限在海禁政策实行之前。

综合以上资料我们可以看出，对日牌照贸易作为官方允许的对日贸易形式，在海禁政策全面出台以前确实存在过，也是当时中日之间唯一得到官方认可的贸易渠道，但是这种牌照贸易由于受到贸易形式和官方政策的影响，有很大的局限性。海商领牌出海的前提是为国家采买紧缺的物资，普通物资显然无法申请到官方的牌照。所以这种以政府为主体的行为，必然使海商的活跃度和利润受到影响，而且也极大地限制了贸易规模。

随着清王朝在大陆统治的基本稳定，郑成功的海上抗清力量成为满洲统治者最后的心腹之患。为孤立和打击郑氏海上力量，清政府于顺治十二年（1655年）根据闽浙总督屯泰"沿海省份，应立严禁，不许片帆入海，违者立置重典"的建议，颁布了禁海令，规定"海船除给有执照许令出洋外，若官民人等擅造两桅以上大船，将违禁货物出洋贩卖

---

① 吴晗辑《朝鲜李朝实录中的中国史料》，北京中华书局，1980年标点本第9册，第3752—3753页。

番国,并潜通海贼,同谋结聚,及为向导,劫掠良民;或造成大船,图利卖与番国,或将大船赁与出洋之人,分取番人货物者,皆交刑部分别治罪。至单桅小船,准民人领给执照,于沿海附近处捕鱼取薪,营汛官兵不许扰累"。① 翌年,清政府又颁布了《申严海禁敕谕》,认为郑成功抗清力量之所以长期存在,是因为"有奸人暗通线索,贪图厚利,贸易往来,资以粮物。若不立法严禁,海氛何由廓清",因此要求浙江、福建、广东、山东、天津沿海地区各督抚镇,"申饬沿海一带文武各官,严禁商民、船只私自出海。有将一切粮食、货物等项与逆贼贸易者……即将贸易之人,不论官民,俱行奏闻正法,货物入官",对于各个港口,"俱严饬防守各官,相度形势,设法拦阻。或筑土坝,或树木栅,处处严防,不许片帆入口、一贼登岸"②。从此,清代的海外贸易政策进入了"片板不得入海"的新阶段。

　　康熙帝即位初期,面对依然强大的郑氏势力和依然存在的海防压力,他选择了继续沿袭顺治朝的海禁和迁海政策。但康熙七年(1668 年)发生的一件事情似乎让人们看到了"展界开海"的希望。该年八月,康熙帝派都统特晋到广东,会同两广总督周有德、广东巡抚刘秉权和提督等会勘广东沿海边界。在目睹迁民流离失所、啼饥号寒的凄惨景象后,周有德上疏康熙帝请求立即复界。其疏称:"臣今身任地方之责,目睹流离之惨,若候会勘之后方请安插,恐时日尚缓,不能待命。臣历行界外,一望青草,径路阻芜,即令民皆复业,力难一时开垦。又须早示招徕,预备牛种,需之岁月,方可资生。臣不得不陈情形,为民请命。伏乞皇上怜悯迁民望恩之切,敕下臣等勘过地方安设兵将后,一面即同该管府县,查照迁民旧籍,给以前业,亲行安插不许豪强隐占欺凌,亦不许无赖匪类影射混冒。及今急为料理,明春庶可耕种。迁民早还故土,即救旦夕之危,地方早得安静,钱粮亦得起科。"③此疏提出,展界不仅可以迅速救民于水火之中,而且有利于社会经济的恢复发展,是利国利民的善举。康熙帝也对此疏做出肯定的批复,康熙的首肯使得广东地区在康熙八年(1669 年)获准展界。

　　正当展界事宜取得突破性进展之时,郑经(郑成功之子)突袭东南沿海地区,重新

　　① 昆冈《钦定大清会典事例》卷 629《绿营处分条例》,《续修四库全书》第 807 册,上海古籍出版社,2003 年影印本,第 753 页。

　　② 《明清史料》,北京中华书局,1987 年校勘本第二册,第 155 页。

　　③ 江日昇《台湾外纪》卷六,台湾文献史料丛刊第 6 辑,台北大通书局,1987 年标点本,第 251 页。

占据了厦门，内地的抗清势力又有暗流涌动之势，威胁到清王朝在福建地区的统治。康熙十七年（1678 年），为稳定局面，清政府再次下达迁海令，规定："如顺治十八年立界之例，将界外百姓迁移内地，仍申严海禁，绝其交通。"①据《海纪辑要》记载，一时间，福建地区"上自福宁，下至诏安，沿海筑寨，置兵守之，仍筑界墙，以截内外，滨海数千里，无复人烟"。

康熙十八年（1679 年），郑氏势力走向衰败，清廷也陆续收回沿海地区的失地，工科给事中丁泰上《开海禁疏》，要求山东地区开海，得到了康熙帝的同意。山东地区禁海令解除后，士大夫们关于开海的奏折接踵而至，时任河道总督的靳辅率先进言，阐述山东开海的合理性，并建议向其他沿海地区推广，他在奏折中写道："近蒙皇上洞悉民隐，深念民艰，特沛恩纶，特许沿海之民采捕鱼虾。又于庙湾等处，许驾一二百石小艇往来觅利，沿海之民感诵皇仁莫不欢声震地，自庆更生将见，多年积困之残黎，从此渐有声色矣。惟是沿边采捕所得不过鱼虾，而日耗之银不能使之增益。臣反复筹维，莫若另为立法，将商人出洋之禁稍微变通，方有大裨于国计民生也。"②江苏巡抚慕天颜更为大胆地提出开放海外贸易："臣思海舶通商诚有益于民生。盖地产所出丝布药材等货原属平常之物，一至外国提价数倍，使外国之金银岁入于我，百姓赖以充裕，赋饷赖以转输，岂非生财之大原。较之斤斤议节议啬霄壤悬殊也。"③身处抗击郑氏势力第一线的福建总督姚启圣也从稳定沿海地区民生和巩固海防的角度出发，提出展界的建议，他在上疏中提到"今投诚之众，率前迁徙界外之民，勒归农，则无田可给，势将复去为盗，莫若以界外田地按籍给还，并弛海禁收鱼盐之利，给军食"。④ 康熙二十二年（1683 年），清朝平了三藩、收复了台湾，混乱的国内局势渐趋稳定，许多大臣纷纷上书，提出"今海外平定，台湾、澎湖设立官兵驻扎，直隶、山东、浙江、福建、广东各省，先定海禁处分之例，应尽停止"。⑤ 次年，康熙下诏开放海禁，并分别设立江、浙、闽、粤四个海关，专门负责管

---

① 《清圣祖实录》卷 72，《清实录》第 4 册，北京中华书局，1985 年影印本，第 928 页。

② 靳辅《靳文襄奏疏》卷七《生财裕饷第二疏》，《文渊阁四库全书》第 430 册，台北商务印书馆，1986 年影印本，第 681—683 页。

③ 慕天颜《慕天颜请开海禁疏》，席裕福《皇朝政典类纂》第 14 册，台北文海出版社，1982 年校勘本，第 1085 页。

④ 朱彝尊《曝书亭集》卷 66《尚书杜公疆理记》，《文渊阁四库全书》第 1318 册，台北商务印书馆，1986 年影印本，第 382 页。

⑤ 嵇璜《清朝文献通考》卷 33《市籴考》，浙江古籍出版社，2000 年影印本第 1 册，第 5155 页。

理海外贸易及其相关事务。

中日之间的贸易也乘此良机发展起来,康熙二十三年(1684年)到达长崎贸易的中国商船只有24艘,次年激增至73艘,康熙二十五年(1686年)为84艘,翌年更增加到115艘。① 至此,清代中日贸易走出坚冰期,逐步走向繁荣。康熙帝对中日贸易的管理和维护也相当重视和谨慎。为更好地推动和管理中日贸易,他甚至两次派官吏为特使东渡日本,在第一次遭遇冷遇后,康熙帝非常实际地没有表现出"中国中心论"的姿态,因为当时我国市场上主要的流通货币为铜钱,每年清政府都要铸造大量的铜钱以满足市场流通的需要,而当时我国的铜料长期处于缺乏状态,对日本铜料进口的依赖性很强。也就是说,当时的中日贸易肩负着为国家提供铸币原料的重要任务,所以康熙帝在对待日本方面显得非常谨慎。鉴于上次出使日本的失败,康熙十分谨慎地嘱咐"千万不可露出行迹方好",而李煦也深刻领会了康熙帝的意图,奏曰:"臣煦等恐从宁波出海商舶颇多,似有招摇,议从上海出去,隐僻为便。莫尔森于五月二十八日自杭至苏,六月初四日在上海开船前往。"康熙帝特别指示:"回到日即速报。"同年十一月,李煦又奏:"杭州织造乌林达莫尔森于十月初六日回至宁波,十一日至杭州,十五日至苏州,十六日即从苏州起行进京。"②

虽说两次遣使的原因各有不同,但我们可以从中看出康熙帝对中日贸易的重视程度。康熙帝之所以在这一时期又一次派遣特使秘密赴日并不是偶然的。首先,自从康熙开海以来,随着海外贸易的不断发展,国内商品流通的规模越来越大,对货币即铜钱的需求量也逐渐增加。而国内铜矿开发缓慢,远远不能满足不断扩大的货币需求,国内市场对日本铜的依赖性进一步增强,这种依赖性使得统治者对中日贸易的关注度远远超出了一般性的国别贸易。其次,为保证日本铜的有效输入,清政府于康熙三十八年(1699年)对办铜制度进行了改革,用内务府商人办铜取代原来的官差办铜。因此,在做出重大调整的初期,康熙派遣亲信赴日了解必要的情况也不足为奇。第三,中日贸易发展迅猛,使得日本的贵金属尤其是铜料大量外流,而日本幕府为限制铜的外流出台了一系列的政策。早在贞享二年(1685年),也就是康熙开海的次年,日本就对中国商船

---

① 胡锡年译,木宫泰彦《日中文化交流史》,商务印书馆1980年版,第640页。

② 中国第一历史档案馆编《康熙朝汉文朱批奏折汇编》,北京档案出版社,1984年校勘本第1册,第55—57页。

数激增的情况做出了迅速反应，颁布《贞享二年令》，限定中国商船一年内的最高贸易额为银6000贯，入港船数为70艘。1698年，幕府又颁布了《长崎贸易改正令》，开始直接插手长崎的中日贸易。原来的中日铜斤贸易主要是由大阪商人为主的铜屋行会经营的，幕府把经营权收回，转而承包给江户商人，从中收取"运上金"。无论是限制中国商船进港数目，还是幕府直接管理对外贸易，都对中日贸易产生了消极的影响。知己知彼方能百战不殆，这也是康熙帝派人秘密出使的原因。

1715年，幕府为了控制进出港贸易，在对外贸易中实行《正德新令》。其中除了进一步限制每年中国船只的进港数目和交易量，还对华商实行信牌制度。信牌即幕府发给中国商人的贸易许可证，按照《正德新令》的规定，只有持有日方颁发的信牌的中国船只才能进港贸易，否则一律禁止入港并被要求立即返航。据日本史书《信牌方记录》记载，1714年日本幕府告知当时在长崎贸易的中国商人，在贸易结束后不要返航，等候领取信牌以便下次赴日贸易。中国商人大多对此规定比较配合，当年到长崎贸易的中国船只共51艘，只有2艘台湾船未服从这一指示在贸易结束后直接返回中国。这两艘商船分别是"午三号"台湾船（船主蒋元甫）和"午十号"台湾船（船主谢叶运）。翌年，《正德新令》正式实行，这两艘商船于六月七日再次赴日贸易时，由于没有领取到信牌，无法进港贸易，并被迫于进港当天返航。[①] 谢叶运在长崎港遭到驱逐后，心生怨恨，回国后联合同样没有获得信牌的船主庄运卿等十余名商人，到浙江宁波府鄞县（今鄞州区）状告在长崎领受信牌的船主背叛朝廷，擅自使用有外国年号的信牌。案子从鄞县（今鄞州区）到督抚两院及布、按二司一再升级，最后上升为大清国万邦圣主的威严与地位的大事。户部提出："东洋商贾人等，从前往来行走，并无他故。今年长崎地方，倭子忽立新例，只与先到之胡元克等四十二船每船牌票一纸，许其交易。若无伊国牌票，即拨回，不许交易。以我中国商船受长溪地方牌票，不但有乖大体，相沿日久，大生弊端，亦未可知。"[②]

由于士大夫们对此事反响强烈，康熙帝的处理意见对于中日贸易的走向非常重要，他在上谕中指出："朕曾遣织造人过海观彼贸易，其先贸易之银甚多，后来渐少。倭子之票，乃伊等彼此所给记号，即如缎布商人彼此所认记号一般。各关给商人之票，专为

---

① 松浦章《康熙帝和日本的海舶互市新例》，《社会科学辑刊》1987年第2期，第80页。

② 中国第一历史档案馆编《康熙起居注》，北京中华书局，1984年标点本第3册，第2303页。

过往所管汛地以便清查,并非旨意与部中印文。巡抚以此为大事奏闻,误矣。部议亦非。着九卿、詹事、科、道会同再议具奏。"①九卿在皇帝的压力下无法再坚持原来的论调,于当年十一月称"查得商人等海中贸易,已经年久。伊所给我国商人牌票,不过彼此交易之记号,并无关系。"为了加速信牌事件的处理,减少因日本发放信牌引起的纷争,康熙帝进一步指出:"但有票者得以常往,无票者货物壅滞。俱系纳税之人,应令该监督传集众商,将倭国票照互相通融之处明白晓谕。每船货物均平装载,先后更换而往等因。"②至此,信牌事件得以解决,中日贸易平稳继续。

康熙五十六年(1717 年),清廷颁布"南洋禁航令",海外贸易政策又开始趋向于保守,规定"凡商船照旧东洋贸易外,其南洋吕宋、噶喇等处,不许商船前往贸易。于南澳等地方截住,令广东、福建沿海一带水师各营巡查,违禁者严拿治罪"。南洋禁航令的颁布虽未涉及中日贸易,但可以从中看出清政府在海外贸易政策中倾向于保守的趋势。直至雍正五年(1727 年),雍正帝下诏废除南洋禁航令,恢复与东南亚的交通贸易,至此,康熙晚年以来,由于颁布南洋禁航令形成的清廷对外贸易政策的保守趋向为之一变。

雍正帝对中日贸易非常重视,从雍正三年(1725 年)起,他便派自己的心腹李卫担任浙江总督,对当时的对日贸易进行查访和管理。李卫起初对在浙从事中日贸易的商人进行查访,希望以此方式了解中日贸易状况并调查其中的不轨行为。此种记载在史籍中比比皆是,在此仅举一例。雍正六年(1728 年)八月初八日,李卫在给雍正帝的奏折中写道:"海外诸国与浙江最近者莫如日本,每留心察访,初时风闻彼国有招致内地之人教习弓箭不甚守分,因尚未得确实不敢冒昧琐奏。近于各处出洋商船时常设法密探信息,有苏州余姓洋客露出口声言……伊国将军肯出重聘,请内地之人教演弓箭藤牌,偷买盔甲式样。初时有福州民王应如,于天文战阵之事涉猎不精、好为谈论,首受其万金厚利排演阵法,年余即伏冥诛。复荐引一广东长须年满千总,不知姓名,每年受伊数千金,为之打造战船二百余号、习学水师。又有洋商钟觐天、沈顺昌久领倭照,贸易彼国信托。钟则为之带去杭城武举张灿若教习弓箭,每年亦得受银数千两。"③

---

① 中国第一历史档案馆编《康熙起居注》,北京中华书局,1984 年标点本第 3 册,第 2303 页。

② 中国第一历史档案馆编《康熙起居注》,北京中华书局,1984 年标点本第 3 册,第 2373 页。

③ 《世宗宪皇帝朱批谕旨》卷 274,《文渊阁四库全书》第 423 册,台北商务印书馆,1986 年影印本,第 200—201 页。

这份奏折所反映的是日本竟然借两国贸易之机聘请中国人教习弓箭,并私下购进中国的盔甲式样,雇用中国退伍军人为他们打造战船,举动如此蹊跷,意欲何为? 对此,李卫认为:"日本虽系蕞尔岛夷,恃其铜铸炮火攻击甚远、倭刀器械犀利非常,前明曾屡为海患,于东洋称一强寇。本朝威灵慑服,屏迹多年,从无干犯中华。圣祖仁皇帝俞允会议,于东洋贸易止许内商往贩,禁其自来,原有深意。今彼不惜重货,招集无赖,习学内地弓矢技艺,无故打造战船,奸怀叵测,不无窥伺乘有空隙欲为沿海抢掠之谋。"①

据李卫的分析,日本的所作所为意在为祸中国,用心险恶,手段卑劣,关乎大清国的安危。但鉴于对日贸易关系到办铜大计,关系国计民生,所以为人谨慎的李卫没有贸然采取行动,在谨慎查访后认为只是中日经济贸易问题,与战争无关,鉴于此李卫提出了商总制度:

各洋商贸易不宜遽行禁绝,且从前止领夷人倭照,我天朝并未定有到彼作何管束稽查之法,今拟会同江南督抚诸臣,于各商中择身家最殷实者数人,立为商总。凡内地往贩之船,责令伊等保结,方许给以关牌县照置货验放,各船人货即着商总不时稽查,如有夹带违禁货物,及至彼通同作奸者,令商总首报,于出入口岸处所密拿。倘商总徇隐,一体连坐。②

这一建议清廷欣然采纳,任命李君泽等八人为商总。商总制度建立后,清政府又更加明确地规定:

商总八人于宁、乍、上海分析稽查。凡有出洋商船,其坐商行商户,必须同出洋商人三名连环互结。船只字号梁头丈尺及所带一切货物书目,逐件开明。在船舵水、搭客,逐名填注真实年貌、籍贯、姓名,一并造册。牙行出具甘结,总商加具保状。地方官详明批准。行知各口海关及文武衙门,方许领照。出口时,海关并点验之文武带同总商、牙行亲身赴船盘验……其回棹之时,亦照前例将人口货物及纳税若干,造册加结具报。③

在实际运作中,商总不仅承担着中日贸易监管者的职责,还是中日官方之间沟通的使者。在鸦片战争之前的整个清朝前期,中日双方始终没有建立起正式的外交关系,双

---

① 《世宗宪皇帝朱批谕旨》卷174,《文渊阁四库全书》第423册,台北商务印书馆,1986年影印本,第201页。
② 王之春《清朝柔远记》,北京中华书局,1989年标点本,第75页。
③ 嵇曾筠《浙江通志》卷96,乾隆元年刻本。

方政府的沟通较为困难。但商总制度确立以后,商总成为稳定而有官方身份的兼职使臣,多少弥补了双方高层缺乏沟通渠道的缺陷,保证了中日双方沟通的正常稳定。乾隆以后,清政府对中日贸易的关注局限于两国铜料贸易一项,所以仅仅对铜料采办形式做出调整。而对于整体的对日贸易政策再未做出重大调整,一直沿用至鸦片战争前夕。

第二节　中国陶瓷发展

　　1644 年明朝灭亡,继而代之的清政府积极提倡制瓷产业,并设有督陶官,对于品质的控制与产量又更胜于前朝。当时的皇帝与上层统治集团对于国内瓷器制作的干涉与控制,胜过之前任何一个朝代。清代的瓷器依然以景德镇为代表,清世祖顺治十一年(1654 年)于景德镇设立官窑,经过康、雍、乾三朝后,景德镇陶瓷达到空前的繁荣,不仅明代的工艺和品种应有尽有,而且还有许多的发明创造。这个时期所发明的釉上五彩因发明釉上蓝彩和墨彩等其他釉色,比起明代鲜艳纯净的青花瓷,可以说更为多姿多彩。另外,康熙年间还恢复生产了明代中期以来几乎失传的铜红釉,其中尤以郎窑红、豇豆红最为著名。此外,最重要的一点是,当时中国瓷器在技术与风格上受到西方的影响,例如康熙年间使用西洋进口的珐琅彩料绘制瓷胎,创制出风格特异的珐琅瓷。在18 世纪 30 年代,景德镇开始烧造墨彩珐琅,其特点是以极细的灰黑线条勾勒,故可以成功地模仿欧洲的铜版画和蚀刻版画。至康熙二十三年(1684 年)开放海禁,此时中西贸易交流可以说达到了高峰,中国瓷器通过民间贸易的渠道大规模销售到海外,当时的欧洲掀起了一股中国热,也刺激了之后欧洲瓷器工艺的发展。

　　综上所述,中国瓷器贸易与其兴盛发展标志即为外销瓷的出现。清朝瓷器种类繁多,在这里仅主要介绍几个具有代表性的外销瓷品种来反映整个清朝中国瓷器的发展状况。因为清朝皇室审美方式的缘故,精致的彩瓷发展得特别好,有西洋味的珐琅彩、淡雅精致的粉彩瓷、素雅的素三彩、异域风情的广彩瓷、水墨画般青花瓷、鲜红的釉里红瓷、色泽艳丽的五彩瓷、精细的斗彩瓷,在外销层面最受欢迎的除了明朝延续下来的青花瓷,还有纹章瓷、广彩瓷、珐琅彩瓷。

清代五彩花卉纹钵

（1）青花瓷

外销的青花瓷特色是其纹饰多以开光的图案呈现，中心多绘花卉和动物纹样，此外也有的装饰着佛、道等相关吉祥主题，碗、碟、盘的中央多画有山水人物或动物的纹样，釉色以青花为主，又因为开光放射的装饰风格像许多芙蓉花盛开，因此青花瓷在日本被称为芙蓉手。而青花瓷也是明末清初外销瓷器中最受欢迎的大宗，17—18 世纪的荷兰、德国、英国与日本均有仿品问世。①

（2）纹章瓷

在明清时期，外销瓷在图案纹饰方面越来越西洋化，图样除了由欧洲订货国家提供，还由广州特制样盘，分别绘制四种不同的五彩图案，供欧洲顾客挑选定样，当时的定做瓷中有一个专门的门类，那就是纹章瓷。其特征是在定烧的瓷器上绘有欧洲王室贵族的家传纹章、盾徽或者购买者的姓名字母缩写。纹章瓷的烧造最早可以追溯到 16 世纪，17 世纪后期法国国王路易十四命首相马扎阑成立中国公司，在广东定制大量带有法

---

① 王健华《明清外销瓷——明末清初中国瓷器在欧洲外销》，《中国文物世界》2002 年第 194 期，第 30 页。

"纹章瓷"的代表作——清雍正广彩纹章纹碟

大科学家牛顿家族的纹章瓷

国军徽、纹章和盔甲图案的瓷器。[1] 此后，纹章瓷大为流行，连带影响了许多贵族、公司、商人及团体也开始创造自己的徽章，英国伦敦甚至还出现一种专门帮人定制纹章瓷的商人，称之为瓷人。[2] 这种热络现象的诞生，其原因在于当时中国瓷器对于欧洲人来

---

① 陈明丽《风靡欧洲的明清外销瓷》，《典藏古美术》2008 年第 195 期，第 137 页。
② 陈明丽《风靡欧洲的明清外销瓷》，《典藏古美术》2008 年第 195 期，第 137 页。

说是地位尊贵的一种象征。①　此外,纹章瓷所绘题材还包括神话、宗教和风俗画中的人物画,船舶画和花卉等②,而在中国山水、人物、花鸟画之外,西方甲胄纹章和人物画数量可观,如 1974 年英国出版的《中国纹章瓷》一书,便收集了 2000 件左右的纹章瓷,供西方军团、贵族授勋、喜庆典礼之用③。由此可见,瓷器除了作为艺术品,还充分发挥着历史和文化载体的作用。

清乾隆广彩英国罗斯伯爵徽章纹大盘

（3）广彩与珐琅彩瓷

从景德镇民窑和沿海地区的瓷器等大宗贸易来看,清朝对于外部世界的了解明显超过明朝,瓷器的造型、装饰、色彩的使用比明朝丰富。尤其是为了适应亚洲邻国和欧美各国的需要,一些表现西洋风情的图案、社会景观的画面增多。如广州的十三行还从景德镇运来素白瓷在当地加工,根据外国人的需要画出中国的花卉图案、人物风情,或是把异国风光、人物景观画在瓷上,这就是著名的广彩。④　由于中国外销瓷上的装饰绘画大部分是按西方顾客所提供的铜版画为蓝本,因此当时的中国制瓷工匠必须要将西方画家绘制的画稿设计图样复制到瓷器上。17 世纪末,中国瓷绘画家都能很准确地临

　　① 陈竺勤《三百年前的瓷器珍品回归故乡——荷兰倪汉克捐赠明清贸易瓷展珍品赏》,《收藏界》2010 年第 114 期,第 57 页。

　　② 陈明丽《风靡欧洲的明清外销瓷》,《典藏古美术》2008 年第 195 期,第 137 页。

　　③ 沈福伟《中西文化交流史》,上海人民出版社 2006 年版,第 434 页。

　　④ 李知宴《中国陶瓷史》,台北文津出版社 1996 年版,第 310 页。

摹铜版画的图案,当时广州的瓷绘画师曾根据擅长花卉铜版画的法国画家莫诺耶尔的作品绘制了一对直径15英寸的花卉纹瓷盘,花纹以黑、金两色描绘。①

清道光广彩桃李夜宴纹诗文杯

人物纹铜胎珐琅大碗

---

①　李书琴、胡光华《关于中国外销瓷器绘画的西化在18世纪中西经济美术文化交流与互动中的作用》,《中国陶瓷工业》2004年第11卷第6期,第73页。

先前已提到清代景德镇本身也大量生产符合外国审美情趣的作品,有的制作得精美异常,而清代在输出外销瓷的同时,也让西方的科学技术部分影响到了景德镇的瓷器艺术。这一时期的外销瓷,在制法、类型、画法和图样方面都明显受到欧洲工艺的影响,如清康熙时期发明的珐琅彩就是一例。珐琅彩是清代康熙时创烧的瓷器新品种,为宫廷御用瓷,它是先在景德镇烧成瓷坯或精白瓷,然后在清宫内务府造办处珐琅作彩绘后低温烧成,因仿铜胎画珐琅的装饰,故称瓷胎画珐琅,简称珐琅彩。珐琅彩料的引进,使得瓷器上的绘画内容不仅有西洋的内容,而且在外观上也有油画艺术的效果。① 由此可看出,清廷内部宫廷艺术受到西方文化的深刻影响。由于珐琅复制铜版画的突出成就,加上宫廷御窑珐琅彩绘在景德镇烧造的成功,这时期景德镇专营瓷器彩绘装饰的作坊如雨后春笋涌现出来②,其中也造成一个现象,那就是清代瓷器不再以造型为重,而是以绘画技艺的高地来评论瓷器的价值。③

康熙、雍正、乾隆年间可以说是清代瓷业的辉煌时期,不管在出口量还是艺术造诣上,都可以说是清朝的高峰。但是,制瓷业的兴盛与否和社会是否安定和谐有着很大的关系,因为从乾隆晚期开始,中国的内部政治开始逐渐恶化,境内各地陆续出现大大小小的内乱,到了鸦片战争时期,相较于西方工业革命后的坚船利炮,中国的弱点被完全暴露出来,开始被迫与西方国家签订丧权辱国的不平等条约。在内忧外患的夹击下,再加上中国制瓷技术停滞不前、技术水平依然停留在康乾时期等种种因素下,中国制瓷业开始急速衰退,荣景不再。

第三节　中日陶瓷贸易概况

中日陶瓷贸易在清朝发生了翻天覆地的变化,日本从单方面进口中国陶瓷的国家变成了中国陶瓷外销的竞争者,最后中国变成了日本瓷器最大的进口国。这过程可分

①　李知宴《中国陶瓷史》,台北文津出版社 1996 年版,第 310 页。
②　李书琴、胡光华《关于中国外销瓷器绘画的西化在 18 世纪中西经济美术文化交流与互动中的作用》,《中国陶瓷工业》2004 年第 11 卷第 6 期,第 73 页。
③　汉宝德《如何培养美感》,台北联经出版社 2010 年版,第 171 页。

为两个阶段:第一阶段为 1641—1840 年的中日陶瓷国际贸易第一次竞争;而在第二阶段,中国陶瓷没落,日本陶瓷二次崛起。

第一阶段按时间可分为三个部分。第一部分:1641—1690 年,日本乘虚而入;第二部分:1690—1757 年,中国后来居上;第三部分:1757—1840 年,中国一家独大。

日本瓷器最早的外销记录始于 1641 年。据记录,当时荷兰东印度公司从日本运了 1741 个粗瓷器到台湾,随后的十年内记录很少,只有 1644 年荷兰东印度公司对于进口日本陶瓷的明确记载和郑成功的船队在 1647 年经由泰国运输了 174 捆"粗制"的肥前瓷器去柬埔寨两条记录。虽然初始规模很小,但随着 1650 年开始向荷兰东印度公司出口瓷器后,日本外销瓷数量就迅速上升。据不完全统计,1652 年为 1265 件,1654 年为 4258 件,1658 年为 5257 件,1659 年跃升为 56700 件[1],这说明在 17 世纪 50 年代,日本瓷器已经真正开始进入国际市场。

与之呈鲜明对比的是,中国瓷器出口在此时却迅速下滑。1644 年,仅两位商人就为荷兰订购了 355800 件瓷器,但仅仅一年过后,中荷全年瓷器贸易量就降为 229000 件;到 1646 年,档案记录显示:由于中国旷日持久的战争,荷兰、巴达维亚、科罗曼德尔、苏拉特和波斯最多只能采购到 95000 件瓷器了,而事实上最终只订购了 70000 件;至 1647 年,仅为 1 件;1648 年,东印度公司则没有任何瓷器贸易记录[2]。而后年份虽然陆续还有少量瓷器出口,但至 1657 年,中荷瓷器贸易便暂时中断了。

东京大学出土中日瓷器比例(17 世纪)

遗址	年代	中国瓷器	肥前瓷器
东大御殿下 532	1640—1650 年	418	650
东大御殿下 678	1650—1660 年	218	1463
东大医院 L32－1	1682 年	79	647

(资料来源:堀内秀树《东京都江户遗迹出土明末清初陶瓷》,日本贸易陶瓷研究会编《贸易陶瓷研究》第 11 期,1991 年第 199 页)

---

[1]　T. Volker, Porcelain and the Dutch East India Company, P. 131.

[2]　T. Volker, Porcelain and the Dutch East India Company, P. 131.

中国色料的输入

年份	数量（斤） 注:1 斤 = 625g
1650 年	16610
1651 年	580
1652 年	500
1653 年	1620
1654 年	2795
1655 年	615
1656 年	900
1657 年	455
1658 年	1340
1659 年	900
1660 年	1143

（资料来源:前山博《伊万里烧流通史の研究》,1990 年版第 710 页）

从日本出土的陶瓷数据中,我们可以观察到相较于明朝时,中国陶瓷所占的比例明显下降。另外,日本从 1650 年开始进口中国钴料,每年进口数量从几百斤到上万斤不等,这说明日本的瓷业在迅速发展。

这两组数据说明在日本进口中国陶瓷递减的时候,日本国内的陶瓷业在快速发展,两国的陶瓷贸易关系在悄然转变。在外销市场的出土数据中,这一观念再次得到了印证。在印尼万丹遗迹出土的中国和日本瓷器中,17 世纪后半期至 18 世纪初的中国瓷器占到了 79.59%[1],同期日本瓷器为 18.85%。

这种情况的产生,从当时来看主要是由于中国自身的原因造成的。首先是明末清初的战乱,导致瓷业数度萧条,使得外销瓷器数量锐减。这主要包括两次战乱:一是明清更替之乱,包括景德镇在内的东南地区一度陷入清军和南明包括郑成功军队的拉锯战之中,如顺治二年(1645 年)"洪承畴奏报朝廷……饶州等府俱已平定",但顺治五年(1648 年)"江西总兵金声桓叛……上命征南大将军谭泰帅师讨声桓,克九江、南康、饶州等府"[2]。瓷业必然也相应地受到冲击,瓷器出口数量也迅速减少。二是三藩之乱。

---

① T. Volker, Porcelain and the Dutch East India Company, P. 212.
② 《清史稿》卷 239 列传 26,北京中华书局 1977 年版,第 9519 页。

瓷业重镇景德镇所处的饶州成为清军与吴三桂、耿精忠军队拉锯战的地区之一，反复易手，所谓"康熙十三年，吴逆煽乱，景镇民居被毁，而窑基尽圮"①，"窑户尽失其资，流离徙业……业窑者十仅二三"②。产瓷区的动乱，严重影响了国内瓷器的产量。

　　其次是清初严厉的海禁政策。清廷为对抗郑成功势力，颁布了一系列海禁政策。早在顺治三年（1646 年），清廷就颁布了《私出外境及违禁下海律》，规定："凡将马牛、军需、铁货、铜钱、缎匹、绸绢、丝绵私出外境货卖及下海者，杖一百。"③1656 年，清廷正式颁布了"片帆不许入口"的禁海令，使得荷兰东印度公司不得不另辟蹊径寻找货源，1653 年日本出口的药罐为 2200 件，1658 年为 5257 件，1659 年跃升为 56700 件，这标志着日本的陶瓷进入了国际市场。而 1661 年，清政府颁布了更为严厉的"迁界令"："令将山东、江、浙、闽、广海滨居民，尽迁于内地，设界防守，片板不许下水，粒货不许越疆"④，设置的隔离带距海五十里，"凡有官员兵民违禁出界贸易……俱以通贼论处斩"⑤。直至 1684 年康熙开海前，荷兰东印度公司再未从中国进口瓷器。

　　最后是郑成功家族垄断了台湾对大陆贸易及对海外贸易。1656 年，郑成功"决定与大员断绝贸易往来，任何船只，甚至片板皆不准赴大员"⑥。为了"将（荷兰东印度公司）排挤出去，一人独揽日本贸易"。1653—1663 年间，（装有瓷器的）华船共有 22 艘，其中郑氏的安海船就占了 13 艘⑦。而 1654 年 11 月到 1655 年 9 月不到一年的时间，"共有 57 条中国帆船从各地泊长崎，其中 41 条安海船，多数属国姓爷……5 条自福州，1 条自南京……"这使得以台湾作为重要贸易据点的荷兰东印度公司举步维艰，这也是导致 1657 年中荷陶瓷贸易中断的重要原因。

　　在上述三方面原因的影响下，中国瓷器出口受到了致命打击，外销数量大幅度减

---

　　① 乔淮修、贺熙龄纂、游际盛增补道光版《浮梁县志》卷 8《食货》《陶政》，江苏古籍出版社 1996 年版，第 173 页。

　　② 黄家遴、佟淮年等纂修《江西省饶州府志》卷 11《陶政》，台北成文出版社有限公司 1975 年版，第 736 页。

　　③ 张荣铮等点校《大清律例》，天津古籍出版社 1993 年版，第 327—328 页。

　　④ 夏琳《闽海纪要》，《台湾诗荟》1925 年，第 32 页。

　　⑤ 《钦定大清会典事例》（嘉庆朝）卷 615《兵律关津》，文海出版社有限公司 1992 年版，第 1801 页。

　　⑥ 吴枚译，约翰内斯·休伯《17 世纪 50 年代郑成功与荷兰东印度公司之来往的信函》，江西人民出版社 1989 年版，第 316 页。

　　⑦ 永碛洋子《唐船输出入品数量一览（1637—1833 年）》，东京创文社 1987 年版。

少。虽然荷兰东印度公司总会备有大量库存，但仅依靠库存显然是无法支撑太久的。所以，荷兰东印度公司开始试探性地从日本进口瓷器，让日本以中国瓷器为原型，发送碟、罐等样式令日本仿制，甚至在1659年荷方向日本的批量订购中，荷兰商馆馆长亲自指示以中国瓷器为样本制作，采用日本瓷器作为中国瓷器的替代品填补市场。

荷方之所以选择日本作为替代品至少有以下几个因素：一是地理因素，中日邻近便捷；二是营销角度考虑，"由于日本瓷器稀罕和新奇，很可能会激发起荷兰及欧洲其他地方人的好奇心和羡慕心理，因此，还是可以获利的"[1]；三是日本制瓷技术在这一时期有飞跃性发展，引进了许多中国技术，如（完全的）模制成形、脱色技法、青瓷装烧法、乳钉（小尖支钉状支烧具）辅助支烧，彩瓷底足径的增大以及技术上的迅速成熟，这同时也标志着日本肥前技术的转型，由朝鲜技术转向中国技术[2]。随着这些先进技术的引入，日本瓷器迅速进步，虽然质量还不如中国，但是也远胜其他地区，为荷兰的大规模订购奠定了基础，这也是最关键

1700 年日本有田窑烧制的彩瓷盘、景德镇窑粉彩人物纹盘、景德镇窑 1735—1745 年烧造的粉彩花卉纹盘（由上至下）

①   T. Volker，The Japanese Porcelain Trade of the Dutch East India Company After 1683，Leiden：E. J. Brill，1959，P. 10.

②   大桥康二《海を渡った陶磁器》，吉川弘文馆 2004 年版，第 84 页。

之处。

在清廷平定了"三藩之乱",击败了困守海岛多年的郑氏势力收复了台湾之后,康熙帝审时度势地开放海禁,重新允许海上贸易。1680年,景德镇官窑恢复生产,康熙二十七年(1688年),景德镇民窑恢复大规模生产。从东南亚出土遗物比例和荷兰东印度公司的贸易数据看,随着中国取消海禁,以景德镇民窑瓷器为主的中国瓷器从17世纪90年代起开始迅速抢占市场,从下表可见1690年后,荷兰进口日本陶瓷数量开始明显减少,17世纪下半叶到18世纪,印尼万丹中日陶瓷出土比例为2.3:1,而18世纪比例为15:1,这些数据充分证明中国已经迅速抢夺回东南亚的市场。

印尼万丹遗址出土中日瓷器的数量和比例

时期	景德镇	肥前
17世纪下半叶—18世纪初	2349件	1017件
18世纪	7488件	501件

荷兰东印度公司记录日本瓷器的出口数量

年份	1687	1688	1689	1693	1694	1695	1696
数量(件)	17838	17420	27554	7600	2800	7900	11720

不过,在欧洲等市场就没有这么容易了。日本出口欧洲的产品已经不再模仿中国,完全展现了日本的特色风格,深受欧洲贵族喜爱。面对这种情况,中国瓷器采取了仿制日本瓷器的手段与日本竞争,中国不仅仿得惟妙惟肖,而且在纹样表现力上超越了日本,制作得更好。不仅如此,景德镇民窑压低成本,瓷质还优于日本瓷器,并能用"更便宜的价格竞市",很快进入了欧洲市场赢得一席之地,迫使日本瓷器不久后就退出了国际市场。根据荷兰东印度公司记录,仅1729年一年,从广东运走的"中国伊万里"瓷器就达191000件[1]。

在这种情况下,中国很快就在陶瓷外贸市场上独占鳌头,仅在1750—1755年,便向瑞典出口了1100万件瓷器[2],日本陶瓷只能黯然退出国际市场,在1757年后,日本陶瓷就没有与荷兰东印度公司贸易的档案记录。

---

[1]　栗田英男编著《伊万里》,东京栗田美术馆1975年版,第474页。
[2]　吉田光邦《景德镇陶瓷生产与贸易状况》,1983年版,第144页。

18 世纪初日本有田窑牡丹纹彩瓷罐和景德镇窑 1710—1720 年烧造的描金五彩八角盘

不过,因为长崎出岛的荷兰商馆还继续存在,所以其实日本与荷兰的贸易并未完全结束。1777 年,荷兰长崎出岛的前商馆馆长阿尔曼诺提交了一份关于由日本航行去巴达维亚的 Ganzenhoef 号船的海难报告。报告认为遇难原因是"超载了太多的私人货物",这些商品"通常来自日本的私人出口,它们包括果物、瓷器"等,直至 1789 年,双方贸易才终止。① 1795 年,荷兰东印度公司关闭。

中国伊万里瓷盖罐和日本伊万里瓷盖罐

---

① 九州陶磁文化馆编《古伊万里の道》,九州陶磁文化馆 2000 年版,第 183 页。

由此可以推定,从 18 世纪 50 年代开始,日本瓷器外销数量锐减,1789 年左右结束了对外贸易,中日陶瓷在国际市场的第一轮竞争告一段落。

回顾这一阶段日本江户时代瓷器的外销历程,日本陶瓷还不具备作为中国对手的能力。从趋势上来看,中国陶瓷一旦恢复生产出口,日本陶瓷很快就被迫退出市场;从出口数量来比较,日本也远不如中国,据记录,日本的"高级瓷器并没有在欧洲有一个好的市场,出口数量不多,23 年间(1659—1682 年)总计约 19 万件瓷器"[1],另,从 1650 年有记录开始至 1757 年基本结束,日本共外销瓷器 1233418 件[2],这与中国同期的出口数量完全不能相比拟。此后一直到鸦片战争前夕,中国陶瓷基本独占国际市场。

形成这样的趋势和结果的直接原因就在于当时中国的瓷器有其他国家无法比拟的优势。

(1)价格

荷兰东印度公司已经出售了上百年的中国瓷器,价格虽然不低,但是利润非常高,经常是 100%—200% 的利润,而日本的瓷器则比中国贵很多,如 1686 年的记录显示,日本瓷器"如此贵以至于我们不敢也不能同意这个价格,以免将来担责,因为荷兰售价只有这个的一半。因此我们决定原则上暂时中止这笔买卖,做进一步请示,因为这笔钱完全可以投到其他更有利可图的商品中去"[3]。在 17 世纪中期中国内乱的情况下,拥有独特风格的日本瓷着实给荷兰人带了一笔利润,但是随着猎奇的消费心理褪去,日本瓷器售价过高的缺点暴露得越加明显,此时中国价廉物美的同款产品出现,对比就更加强烈。

(2)技艺

日本采用支钉作为辅助支烧,虽然这一改革提高了烧成率,但是烧成后的器物底部会留下几个印记,影响美观,而日本的瓷器不知道是技术原因还是风格原因,整体"粗厚",没有中国瓷器薄、精致,这也使得欧洲市场对于当时的日本陶瓷认可度不高。

(3)稳定性

日本瓷器可能由于产量低,供应量非常不稳定。据记录,在 1789 年,日方告知荷方

---

① T. Volker,Porcelain and the Dutch East India Company,P. 172.

② 山脇悌二郎《有田町史・商棠編 1》,第 372—378 页。

③ T. Volker,The Japanese Porcelain Trade of the Dutch East India Company After 1683,P. 17,65,59,64.

"要首先保证天皇的供应,以弥补由去年大火造成的损毁","并在未来数年之内给天皇供应结束前荷方不要抱有任何希望"①。这也导致日本的瓷器交货期总是无法准时,甚至会出现货物短缺的情况。1715 年 10 月 16 日的交货记录显示:"每捆短缺的问题(因为这些瓷器运到出岛已经很迟了,无法全部仔细检查)使我们年复一年地越来越感到日本人的诚信严重下降,故不能被信任。"②

而中国基本不存在这方面的问题,每窑产量很大,如镇窑一次可装烧 8 吨—15 吨日用瓷③,烧成时间较短且稳定,烧成周期快。乾隆时镇窑"以三日为率,至第四日清晨开窑"④,嘉庆时也"多以三日为度"⑤。

在上述这些问题中,核心是"价高",即日本瓷器比中国瓷器贵。技艺和稳定性都是可以通过降低价格来弥补的,毕竟当时能生产瓷器的国家屈指可数,但是日本陶瓷宁可退出国际市场也不肯降价,说明有以下几种可能。第一,日本国内可以消化这些商品,从日本出土的清朝中国陶瓷来看,当时应该绝大多数日本人选择了本土产品,不再如前朝大批量使用中国陶瓷了。第二,日本陶瓷的生产成本高于中国,这也是有实证的:首先,从记录中,我们可以看到日本陶瓷的色料主要依赖中国进口,据日本文献记载,"钴料价格一年间大概能达到七千到八千两金币",但不得不作为"国产品的资本"上升为政府战略储备高度,"尽量多买些存起来,应该会成为国家巨大的利益"。他们甚至由于担心"万一在这三年中变得买不起的话,那就毫无办法了",因此"我们藩在财政富裕时也应该在官厅全部买下,以防万一"⑥。不仅如此,锅岛藩窑还与民争料,因为"锅岛藩需要向幕府将军做必要的进贡,要求每年千斤,要被永久保证"⑦。其次,政策使得日本窑工没有及时学习到中国新的制瓷技术,日本德川幕府于 1668 年颁布了"俭约令",禁止进口外国瓷器或陶器,甚至于茶壶、杯、盘一类的东西⑧,这使得中国外销日

---

①　九州陶磁文化馆编《古伊万里の道》,第 183 页。

②　T. Volker,The Japanese Porcelain Trade of the Dutch East India Company After 1683,P. 40.

③　刘振群《窑炉的改进和我国古陶瓷发展的关系》,文物出版社 1982 年版,第 171 页。

④　乔溎修、贺熙龄纂、游际盛增补道光版《浮梁县志》卷 8《陶冶图编次》,《中国地方志集成·江西府县志辑 7》第 176 页。

⑤　乔溎修、贺熙龄纂、游际盛增补道光版《浮梁县志》卷 21《陶阳竹枝词》,《中国地方志集成·江西府县志辑 7》,第 481 页。

⑥　前山博《伊万里烧流通史の研究》,第 719 页。

⑦　山脇悌二郎《长崎の唐人贸易》,吉川弘文馆 1972 年版,第 243 页。

⑧　T. Volker,Porcelain and the Dutch East India Company,P. 157.

本的瓷器受到影响。如在 1671 年从中国沿海地区赴长崎的船被长崎总督勒令离开,不得卸载货物,包括瓷器。又如 1683 年 8 月 12 日,长崎长官"禁止任何中国瓷器被卸载和销售,命令中国人带这些瓷器离开日本"①。日本通过禁止瓷器进口来逃避竞争,使得肥前瓷器丧失了交流的机会,影响了装烧、烧成、窑炉结构等制瓷技术的提高,成本始终居高不下。

1840 年鸦片战争和 1851 年的太平天国运动导致中国陶瓷业陷入长年低迷状态,而 1858 年日本打开国门后,与美国签订了《日美友好通商条约》,条约规定,日本对美国开放神奈川(横滨)、箱馆(函馆)、新潟、兵库(神户)、长崎五港,由此,日本对外贸易快速发展起来,日本陶瓷生产逐步实现近代化、西洋化,在中国国内动乱、陶瓷生产力下降时赶超中国陶瓷,大量出口欧美,并在欧美市场获得成功。

1871 年,日本大藏卿伊达宗城与直隶总督李鸿章签订《中日修好条规》正式建立外交关系。1873 年,两国缔结通商条约,清国成为第 17 个与日本通商的国家。为促进中日贸易,日本对清国商人开放横滨、神户两港,由于陶瓷属易碎品,且两国地理位置相近,日本向清国输送陶瓷的运费仅为欧美的四分之一②,日本遂开始对清国出口陶瓷,两国陶瓷贸易发展得很快。从这一阶段日本陶瓷出口额来看,1881 年起,受日本国内松方通货紧缩的影响,日本对欧美的陶瓷出口额急剧下降。与此相反,1882 年,日本对清国陶瓷年出口额达 76000 日元以上,约占全年陶瓷总出口额的 13%,并呈逐年增长态势。1887 年,清国赶超欧美,以年出口额 385000 日元成为日本陶瓷第一出口对象国。甲午战争期间,两国陶瓷贸易陷入暂时低迷,战后才逐渐恢复。1892 年以后,日本陶瓷对清国的总出口额仅次于对美国,长期稳定位居第二位。③ 从清国方面的陶瓷进口额来看,1902 年,日本陶瓷进口额占清国陶瓷总进口额的 47%,欧美陶瓷的进口额占比 25%,再加上经由香港进口的日本陶瓷,清国进口的全部陶瓷器中有六成以上为日本制造。

---

① T. Volker,The Japanese Porcelain Trade of the Dutch East India Company After 1683,P. 13.

② 内海吉堂《磁器製造販売私説》,京都陶磁器協会 1962 年版。

③ 畑智子《明治期工芸品をめぐる輸出振興政策について》,《賀茂文化研究》1997 年第 5 期,第 46—47 页。

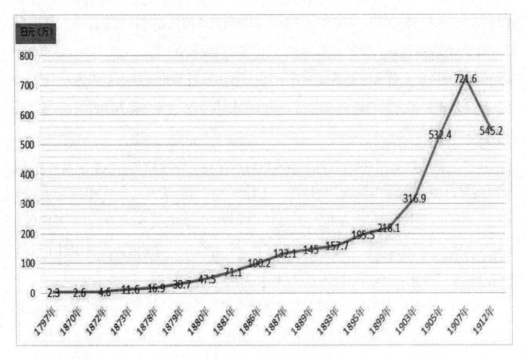

1779—1912 年日本陶瓷出口额

（资料来源：关涛、王玉新著《日本陶瓷史》，辽宁画报出版社 2001 年版）

历史总是惊人的相似，在打开欧美市场之后，日本陶瓷在中国市场获得成功的原因居然和上一阶段中国陶瓷外销战胜日本的原因非常相似。

（1）价廉物美

日本驻天津副领事荒川巳次在《天津瓷器商况报告》中曾指出，1883 年左右，日本制造的茶杯、茶碗、小花瓶、碗碟等瓷器经上海进口至清国大陆，因日本瓷器品质优良、外形美观且价格低廉，清国人士均争相购买，不出数月，清国内地大小商铺甚至是偏远地区都开始贩卖日本瓷器。日本陶瓷进入中国市场，对江西陶瓷商人造成冲击，尤其在北方地区，因江西景德镇产陶瓷运输不便、运费昂贵等原因，更倾向日本陶瓷。外瓷源源输入，价廉物美，争胜市场，导致清国日用陶瓷"多系舶来，鲜崇国货"。

（2）产量稳定

清朝国内陶瓷生产渐渐不能满足国内的需要。1877 年至 1902 年，日本画家内海吉堂来到清国，游历苏州、杭州、上海等地，考察清国瓷器生产情况。回国后，内海为京都瓷器会社（专门制造外销瓷器的公司）的运营建言献策，他在《清国考察报告》中指出，清国幅员辽阔，陶瓷工匠数量却远远不够。太平天国之乱又使大部分陶瓷毁于一且,如今数量稀少的中国古代精工瓷器仅得见于王公贵族之中,新制瓷器在品质上又远不如日本的精致,现在清国各地甚至制作土器来弥补瓷器数量的不足。① 除内海吉堂,甲午战争后,日本农商务省为扩大中日贸易,向清国派遣工商业视察员,视察员之一的京都陶瓷试验场所长藤江永孝,在 1900 年的《清国景德镇瓷器视察报告》中指出:"现今清国内地主要的瓷器制造地就是景德镇,而景德镇年产额持续下跌,清国自产瓷器已不能满足本国四亿人民的需求,出口海外更是不可能的事情。"

（3）技艺创新

清末陶瓷业者墨守成规,懒于改革。康熙、雍正、乾隆统治时期,在君主提倡之下,官窑再开,庶民乐业,陶瓷业界名家迭出,陶瓷制品穷极工艺,声名远扬。清末,民间对于陶瓷的兴趣转淡,陶瓷业者仍固守数百年前家庭手工作坊式的状态,只顾眼前利益,无追求艺术之心,导致"旧法尽失,新法未兴,崔符名手,继起无人"。② 光绪年间,清国陶瓷业界仿古风盛行,民窑的仿古瓷虽然取得相当成就,但是只以仿为要义,鲜有创新,制瓷不是为了日用民生,而是为了适应古董市场的需要,同治、光绪年间的古陶瓷研究家陈浏痛惜道:"吾华之瓷业近益凋瘵矣,其犹能以其瓷蜚声于寰球而为寰球之人所称道弗衰者,则国初之旧瓷也。居中国之人不能使其国以坚船利炮称雄于海上,其次又不能以其工业品物竞争于商场,而仅凭借其国初所出之瓷之声誉以相与夸耀,致使寰球之人目其国为瓷国者,则有司之辱也。"③清宣统时期,陶瓷制作虽进入半机械化生产,但因机械化程度较低,导致当时的机制陶瓷器粗制滥造,质量低下,在日用陶瓷方面仍难与外瓷抗衡。④

综上所述,明万历年间,景德镇数百官窑因明末流寇之乱尽付一炬,清康熙年间,改景德镇御器厂为御窑厂,并于康熙十九年（1680 年）设官驻厂督造,仅在景德镇一地就新设了三千窑厂,陶瓷业经长久衰败之后得以复兴,在康熙、雍正、乾隆统治时期繁荣发展。进入 19 世纪后,战祸不断导致清国国力衰退,清国自产瓷器的质量逐渐下降,特别是在 1851 年太平天国运动爆发后,景德镇所在的江西省处于太平军的支配下,战乱连

① 畑智子《明治期工芸品をめぐる輸出振興政策について》,《賀茂文化研究》1997 年第 5 期,第 46—47 页。
② 朱杰勤《陶瓷小史》,《史学专刊》1936 年第 1 卷第 3 期,第 303 页。
③ 陈浏《匋雅・原序》,上海科技教育出版社 1993 年版,第 381 页。
④ 方李莉《中国陶瓷史（下）》,齐鲁书社 2013 年版,第 933 页。

绵，景德镇瓷器的产量与质量急剧下降，到19世纪后期，已无法满足清国国内的瓷器需求。清国瓷器的供给不足，日本对欧美诸国开港等原因使日本的陶瓷外销贸易得以迅速发展，19世纪末，日本陶瓷千百年来第一次反超中国，而中国则变成了日本陶瓷最大的进口国家。造成这一局面翻转的很大一部分原因，当然是所处时代的客观背景条件，但同时也充分向我们展示了陶瓷贸易要想成功"走出去"应具备的三大条件。

第四节　日本出土的中国陶瓷与日本陶瓷

瓷器从中国传入日本之初，经历了"依葫芦画瓢"这个阶段后，随着技术的不断成熟，日本瓷器在艺术性上面，也不断地融入本民族的元素，逐步形成了自己的独特风格，并在技术上不断总结提高，精益求精。到了江户后期，其艺术价值、工艺水准并不逊色于中国瓷器，在某些方面，甚至青出于蓝。下面介绍几种江户、明治时期最具代表性的日本陶瓷。

（1）京烧

这个词汇的最早记录可追溯到1605年。博多的商人神屋宗湛（1551—1635）在日记中写道，在茶会上使用了"肩冲京烧"。京烧，也叫清水烧，之所以称之为清水烧，是因为最早这种瓷器是在京都有名的清水寺山脚下烧造而成的。如今，凡是京都生产的陶瓷烧造品，都被称为京烧·清水烧。江户时代，伴随着茶道的盛行，1624年在三条大桥东侧的粟田口，濑户陶工建了阶梯窑，因此可推断陶瓷器的生产是由这个时期开始。约在1647年，以潇洒的彩绘而著称的陶匠野野村仁清在仁和寺门前开创了御室窑。在此时期前后，以洛北到洛东寺院的领地为中心，以粟田口烧为首，八坂清水、御菩萨池、修学院、音羽、清闲寺烧等窑也先后兴起，绘有细致纹样的陶瓷器就此被创造出来。仁清有位名叫尾形乾山（1663—1743）的弟子，他于1699年（元禄十二年）在鸣泷建了阶梯窑，于1712年（正德二年）移置二条丁子屋町，同兄长尾形光琳（1658—1716）合作制作了手绘器皿和琳派纹样的怀石餐具。从京都奉行所的记录可知，此时的窑址多聚集在洛东，粟田口有13座，清水、音羽有3座阶梯窑。在乾山时期，洛东已完成了被称为"古清水"的青、绿、金三色手绘陶器的制作。

日本京都彩绘双耳瓷

日本京烧花鸟罐

如此,粟田口、清水以及之后被称为五条坂的音羽,这三处便成了京都的窑业产地。粟田口有锦光山、岩仓和宝山等窑址,有来自将军、皇宫、诸领主家的订货,生产以古清水为中心的传统样式的陶器。此即为后世所称的"粟田烧"。清水是指在清水寺领地内的窑场,在幕末有 3 座阶梯窑。18 世纪后期,奥田颖川(1753—1811)在京都成功烧造出了瓷器。此技术传到五条坂后,生产量逐渐增加,至幕末窑厂增到了 9 座。初代清水六兵卫(1738—1799)、钦古堂龟祐(1765—1837)、青木木米(1767—1833)、仁阿弥道八(1783—1855)、永乐保全(1795—1854)等名匠随之登场。正如颖川复兴了明末清初的红绿彩·交趾烧一般,他们也致力于复兴有历史的中国和日本陶瓷器。他们在其中融入各自的独创性,制作出了抹茶器具、怀石餐具和煎茶道具等,还指导了三田烧、珉平烧、东山烧(兵库县)、春日山烧、九谷烧(石川县)、偕乐园烧(和歌山县)等地的窑场,将京烧的先进技术传播到了各地。

到了明治时代,废佛毁释运动使得寺庙、佛堂衰退,而"东京奠都"导致了几乎所有朝臣贵族迁移。粟田烧随即面向海外寻找新市场。丹山青海(1813—1886)、十六代宝山文藏(1820—1889)、六代锦光山宗兵卫(1824—1884)、带山与兵卫等人的作品至今仍有多数被海外收藏。

另一方面,江户时代位于清水寺领地内的清水窑,在"明治维新"后与五条坂成为一体,此地生产的陶瓷器被人们称为"清水烧"。清水烧继续发展了由江户时代起盛行的煎茶道具的生产。1893 年(明治二十六年),三代清风与平(1851—1914)作为陶瓷工匠被任命为首位帝室技艺员。帝室技艺员,即现代的艺术院会员和重要无形文化财产保持者(人间国宝)的前身,为表彰优秀艺术家的制度。继清风与平之后,初代伊东陶山(1846—1920)、初代诹访苏山(1852—1922)也被任命。如果将明治初期由京都移居到横滨的初代宫川香山(1842—1916)也算入其中的话,帝室技艺员的 5 名陶瓷工匠(剩下 1 名在板谷波山),有 4 名出身于京都,从中不难得知,京都曾是日本陶艺界的中心。

1896 年(明治二十九年),以提升国内外京烧的竞争力为目的,在松风嘉定(1870—1928)和七代锦光山宗兵卫(1868—1927)主导下,日本政府在五条坂设立了京都市立陶瓷器试验场。以河井宽次郎(1890—1966)为首,东京和大阪工业学校毕业的精英技师便聚集在此处研究原料、釉料、高压电瓷和陶瓷牙等当时最先进的窑业技术。传承至今的多数京烧技术,都是在这个时代研究出来的。

(2)有田烧(肥田、伊万里瓷)

有田烧位于日本九州西北部的佐贺县(古称"肥前国"),是以西松浦郡有田町为中心的诸窑的总称,也称有田系。因所烧瓷器经由伊万里港销往日本各地,由荷兰东印度公司通过伊万里港输出到欧洲,故人们习惯上把由伊万里港输出的瓷器称为伊万里烧或伊万里瓷。染付是日本人对青花瓷器的称呼。"有田烧染付"就是有田烧瓷器的一种,烧造历史大体可分为两个阶段:1616 至 1644 年为创烧时期,也称伊万里初期;1644 至 1867 年为发展时期,也称古伊万里时期。

江户时代佐贺有田窑伊万里染付草花纹大皿

伊万里初期的有田烧染付,主要是为满足国内市场的需求,以生产日常生活用瓷为主,主要有碗、钵、瓶、盘(皿)、水指等。器物造型比较注重实用性能,因烧造技术水平的限制,致使产品的器型经常有自然变形,以后才逐渐成熟到基本稳定。器物多以辘轳成形,故平面呈圆形的器物占绝大多数。瓷胎色泽白中透青,釉面白中泛青或偏黄,不很均匀,多数有细小开片。由于钴料成分难以把握及烧成技术不够完善,钴料呈色的深浅往往不易控制,色泽一般都比较浅淡,色质浑浊不鲜亮,没有层次感,色调偏灰蓝且发色较暗。烧造技术由朝鲜方式逐步向中国方式转化,即由模仿朝鲜李朝瓷器的烧造转为模仿中国明代天启朝景德镇瓷器的烧造,烧成技术从不稳定到逐渐成熟。纹样题材选择比较简单,用笔较拙笨而显得粗放。题材也由模仿朝鲜李朝青花瓷器,如简练的松、竹、梅、菊、柳、葡萄、卷草和山水纹等逐步转为模仿明代天启朝青花瓷器,如景德镇瓷器常用的山水、人物、动物、花鸟、几何纹等,风格也由自由奔放且清新的风格逐步转向大胆的构图和强烈笔触,形成了雄浑的作风。纹样有简洁疏朗或通体装饰两种样式,之后再逐渐向日本风格转化,完成了日本独有的审美样式。

古伊万里时期,正保元年(1644年)柿右卫门创烧彩绘瓷器成功,迅速在有田地区传播,所制"锦手"轰动日本,有田町附近诸窑的烧造技术水平快速提高,包括有田烧染付烧造技术水平的提高,奠定了近代日本瓷器繁盛的基础。

因中国明、清朝代更替导致外销瓷的萧条以及荷兰瓷器订单大量出现的重压之下,有田烧染付乘机替代中国瓷器外销到欧洲,同时也促进了有田烧染付从烧造技术到装饰纹样再到产品格调等各方面的迅速提高,而且也使得出口港伊万里扬名世界,日本瓷器出口也走上了正轨。古伊万里时期的有田烧染付,因外销量的逐年增长,烧造技术水平的日益成熟,瓷器质量也在不断提高。器物造型优美,多为欧洲样式;胎质细腻坚硬,瓷化程度高;釉质有滋润感,釉色白中微闪青,釉面匀净光洁;青花发色沉稳,似受康熙青花的影响,由深到浅,渐变丰富,浓淡相宜,偏蓝紫,与留出的空白成对比,更显瓷质之美。

东京博物馆藏18世纪染付——吹墨椿纹大皿

（3）九谷烧

九谷烧以彩绘瓷器为主，因其发祥地日本九谷而得名，制瓷历史可以追溯到1655年。加贺支藩大圣寺藩的第一代藩主前田利志，以其藩属内九谷村金山发现了瓷土矿为契机，派遣原在金山炼金的家臣后藤才次郎前往肥前有田学习制瓷技术。学成归来的后藤在九谷建窑，生产瓷器，从此九谷窑诞生。

九谷烧

1730年，九谷窑一度暂停，后来业内将这一时期生产的瓷器称为"古九谷瓷"。古九谷瓷器由于造型气势恢宏、彩绘纹样富丽等特色，被誉为日本彩绘瓷器的代表。文政七年（1811年），由大圣寺的富商吉田屋（丰田传右卫门）策划再兴，并在九谷建窑。因生产制作青手作品，故而青九谷又被称作"吉田屋"。文政八年（1812年），九谷烧窑址移至山代温泉的越中谷。到了天保年间，又因经营者转手而变为宫本屋窑。庆应二年（1866年），山代窑受到来自京都的永乐和全的指导，因此这个时期的产品又被称作九谷永乐。永乐和全虽在山代只停留了五年，却使九谷烧在技法上有了极大的进步。19世纪，古九谷瓷器废窑之后的80年，春日山窑在金泽诞生，从而进入了九谷瓷器再次复兴的时代，并且形成了春日山窑流行不木风；吉田屋窑倡导恢复古九谷瓷风格；官本窑则以红彩精细描画见长；永乐窑则草创出金斓手瓷器等流派。

这个时代被世人称为百花齐放的工艺美术时代，前田家族以丰厚的财力，召集全国有名的工匠、画家,全方位提高九谷烧的艺术水平,生产出了无数精品,也使得九谷烧成为那个时代最具代表性的工艺品。进入明治时代之后,陶艺家九谷庄三的彩色金斓手瓷器名气日盛。明治政府为了增强国力,振兴出口产业,将九谷烧作为第一陶瓷出口宣传品,在国内外的博览会上,九谷烧屡显风采,一时之间,大量的日本九谷瓷器开始出口到欧洲各国。

19 世纪日本九谷烧茶具

九谷烧具有独特的风格。九谷烧经过采石、粉碎、筛箩、沉淀、成形、烘烤、素烧、绘画、施釉、烧造、彩绘后再烧造等十几道工序完成。古九谷烧瓷质温润,配色强烈,运用红、黄、绿、紫、青五种颜色大胆构图,线条自然流畅有力,形成豪放、秀丽、奢华的高品位独特风格。

（4）美浓烧

美浓的窑业是从 7 世纪制造须惠器开始的,此后于 8 世纪中叶,须惠器生产一度中断,到 10 世纪,在猿投窑的影响下,作为灰釉陶器生产窑而得以恢复。12 世纪,美浓转而生产茶碗,进入 15 世纪以后,美浓窑业引进了古濑户系的施釉技法,从而作为日本施釉陶器的生产基地而长盛不衰。1567 年,织田信长攻克了当地的主城稻叶山城,并在原址上建城,改名为"岐阜"。从"桃山时代"开始,美浓烧受福建漳州的影响,许多产品是在福建漳州制作后传入日本的,在日本称这类瓷器叫"汕头器"。"江户时代"的 1623 年,德川幕府第三代将军德川家光下令锁国,除开放长崎、界作为对外港口,一律禁止外国人来日本,也禁止日本人远渡海外。由于闭关自守,日本国内日用瓷的需求产生了紧缺,也给岐阜瓷业的大发展创造了黄金时代。18 世纪起,幕藩体制开始动摇,中国硬瓷技术的传入极大地促进了当地陶瓷产业的发展。高温烧造的色彩鲜美、别具风格的"美浓烧"开始出现并逐渐达到巅峰,成为世界范围内罕见的巨型陶瓷生产地。进入江户时代后,美浓的陶器作为平民百姓的日常餐具被广泛使用,是日本日用细瓷的主要来源,几乎每个日本家庭都有来自美浓烧的陶瓷,清朝末期中国进口的日本瓷器中绝大多数也来自美浓烧。

美浓烧

明末清初以及清朝在日本出土的中国瓷器都集中在江户、长崎两地,在江户出土的清朝中国陶瓷遗址主要集中在以下两处。

(1)东京大学本乡校区遗迹　御殿下纪念馆

在江户时代,绘画图案多数是加贺藩上屋敷内部的宫殿以及衙门、马场。在532号遗址的巨大土坑中,出土器物推定的最晚时间大概在1650年,其中多数为碗及中型器皿,且大多数为日常用品。678号遗迹中,推定的时间大概在1650—1670年,出土的大多数为大型器皿,很难推断其为日常陶瓷群。

(2)东京大学本乡校区　医学部附属医院的中央大楼

在江户时代,出土器物基本上是加贺藩的支藩大圣寺藩的东西,多半是以品质良好的瓷器为主体,推断为当时祭祀所用。

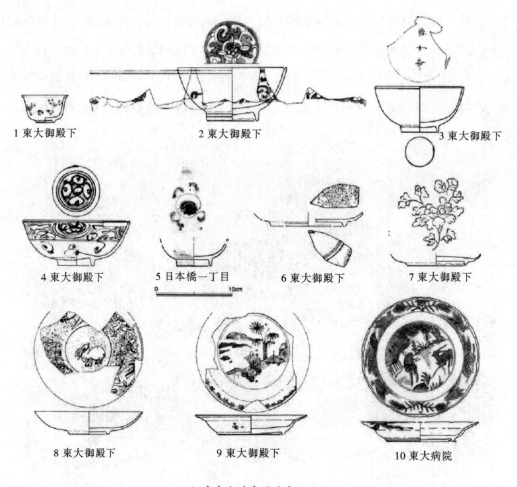

1 東大御殿下　　　　2 東大御殿下　　　　　　　3 東大御殿下

4 東大御殿下　　5 日本橋一丁目　　6 東大御殿下　　7 東大御殿下

8 東大御殿下　　　　9 東大御殿下　　　　　10 東大病院

江户出土的中国陶瓷 1—10

（图片资料来源：弦本美菜子《锁国时期日本の中国陶磁の流通》）

下面对这些出土的中国陶瓷进行一个简单的分类介绍。

（1）明末清初出土的陶瓷

图 1 描绘的梅花枝叶的小杯子等样式的器皿在江户和长崎都比较常见，表示此类物品当时的流通量比较大。

图 2 的物品是×××号沉船上打捞起的。×××号是 1613 年在大西洋沉没的荷兰东印度公司所属的贸易船，是运瓷器去欧洲的船只。

图 3 是明朝天启年间（1621—1627）刻有博古斋的商标的瓷器。

图 4 是漳州窑产的瓷器，土质较软且粗糙，也同样在×××号沉船的打捞品中被确认。

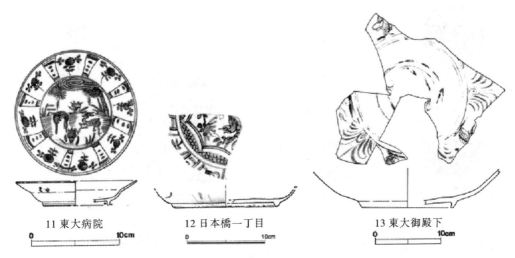

11 東大病院　　　　　12 日本橋一丁目　　　　　13 東大御殿下

東京大学考古学研究室研究纪要　第28号，2014

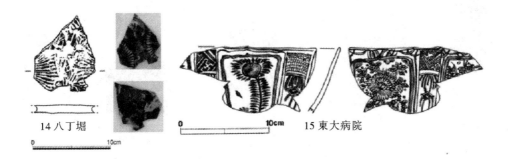

14 八丁堀　　　　　　　　　　　　15 東大病院

江户出土的中国陶瓷 11—15

（图片资料来源：弦本美菜子《锁国时期日本の中国陶磁の流通》）

图 6 是祥瑞手，是青花和红绿黑的颜色描绘的图样。1620—1640 年的高级品。

图 8—12 为景德镇的青花瓷盘，类似图 11 芙蓉手的图案款式特别多。

图 12 是花鸟文的芙蓉手器皿，是肥前有田的复制品。

图 13 是漳州窑彩绘大器皿，见于长崎出土的 16 世纪末到 17 世纪前半叶的遗迹中。这是荷兰人将景德镇窑和漳州窑的瓷器传到日本的一大印证。

图 14 是被称为饼花手的琉璃釉制的白花盘。

图 15 是芙蓉手的大型钵。

江户出土的中国陶瓷 16—27

（图片资料来源:弦本美菜子《锁国时期日本の中国陶磁の流通》）

（2）清朝时期的陶瓷

图 16 是从东京和长崎各地出土的瓷器,是从 1690 年的中国沉船上打捞出来的瓷器。这个是极少的本来应该向海外运输的产品却最后流通到了江户的特例。

图 19、图 20 是典型的写意青花瓷,以花唐草纹为主。这样的款式的清朝瓷器在江户的很多遗迹中都有过出土。

图 21—27 为仙芝祝寿文或是简略的以纹饰为主的产品。

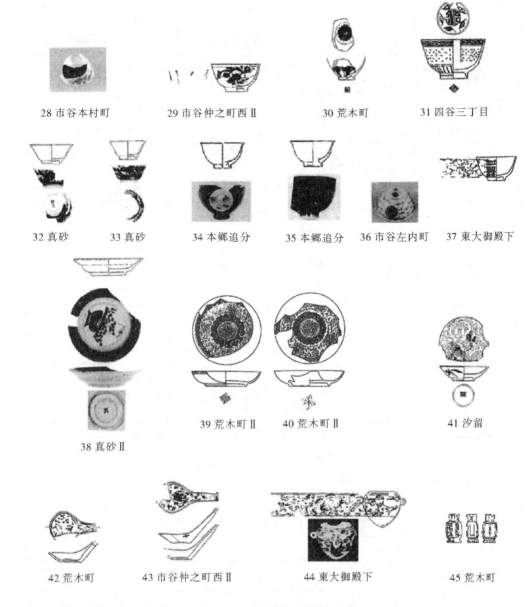

28 市谷本村町　　29 市谷仲之町西Ⅱ　　30 荒木町　　31 四谷三丁目

32 真砂　　33 真砂　　34 本郷追分　　35 本郷追分　　36 市谷左内町　　37 東大御殿下

38 真砂Ⅱ　　39 荒木町Ⅱ　　40 荒木町Ⅱ　　41 汐留

42 荒木町　　43 市谷仲之町西Ⅱ　　44 東大御殿下　　45 荒木町

江户出土的中国陶瓷 28—45

（图片资料来源：弦本美菜子《锁国时期日本の中国陶磁の流通》）

图 28、图 29 为中国 18 世纪后半叶至 19 世纪前半叶德化窑的彩绘碗。

图 34 为赤绘的金彩。

图 35 为琉璃釉的金彩云龙纹。

图 41 为彩绘小器皿。

No.	遺跡	遺跡の性格	出土遺構	器種	施釉	推定生産地	推定廃棄年代	備考
1	東大構内御殿下	大名屋敷	532号遺構	坏	青花	景徳鎮	17-3	
2	東大構内御殿下	大名屋敷	532号遺構	碗	青花	景徳鎮	17-3	
3	東大構内御殿下	大名屋敷	532号遺構	碗	青花	景徳鎮	17-3	「博古斎」
4	東大構内御殿下	大名屋敷	678号遺構	碗	青花	漳州	17-3	
5	日本橋一丁目遺跡	町地	463号遺構	碗	青花	景徳鎮	17-1	
6	東大構内御殿下	大名屋敷	678号遺構	皿	色絵	景徳鎮	17-3	色絵祥瑞
7	東大構内御殿下	大名屋敷	532号遺構	皿	白磁	景徳鎮	17-3	線彫り
8	東大構内御殿下	大名屋敷	532号遺構	皿	青花	景徳鎮	17-3	吹き墨
9	東大構内御殿下	大名屋敷	532号遺構	皿	青花	景徳鎮	17-3	
10	東大構内病院	大名屋敷	L32-1号遺構	皿	青花	景徳鎮	17-4	
11	東大構内病院	大名屋敷	L32-1号遺構	皿	青花	景徳鎮	17-4	芙蓉手
12	日本橋一丁目遺跡	町地	455号遺構	皿	青花	景徳鎮	17-2	芙蓉手
13	東大構内御殿下	大名屋敷	678号遺構	皿	色絵	漳州	17-3	呉州赤絵
14	京葉線八丁堀遺跡	旗本屋敷	48号遺構	盤	瑠璃釉	漳州	17-3	餅花手
15	東大構内病院	大名屋敷	L32-1号遺構	鉢	青花	景徳鎮	17-4	芙蓉手
16	千駄ヶ谷五丁目遺跡	旗本屋敷	0053号遺構	鉢	青花	景徳鎮	17-4	
17	千駄ヶ谷五丁目遺跡	旗本屋敷	0079号遺構	坏	白磁	徳化	17-4	
18	飯倉分館構内遺跡	大名屋敷	300号土坑	碗	青花	景徳鎮	17-4	銘
19	南町遺跡	御家人屋敷	39号遺構	碗	青花	景徳鎮	19-3?	「嘉慶年製」
20	荒木町遺跡Ⅱ	旗本屋敷	340a·b号遺構	碗	青花	景徳鎮	19-1	変形字銘
21	和田倉遺跡	大名屋敷	8号遺構	坏	青花	景徳鎮	19-1	変形字銘
22	白鴎遺跡	大名屋敷	DP4	鉢	青花	景徳鎮	19-1	銘
23	白鴎遺跡	大名屋敷	F5	碗	青花	景徳鎮	19-1	銘
24	鰻縄手	御家人屋敷	133A号遺構	碗	青花	景徳鎮	19-2	銘
25	真砂遺跡	大名屋敷	33号土坑	坏	青花	景徳鎮	19-2	
26	内藤町遺跡	大名屋敷	C-1	坏	青花	福建·広東	19-3	
27	内藤町遺跡	大名屋敷	C-1	坏	青花	福建·広東	19-3	
28	市谷本村町遺跡	大名屋敷	402号遺構	碗	色絵	徳化	18-4	
29	市谷仲之町西遺跡Ⅱ	旗本屋敷	第29号遺構	碗	色絵	徳化	19-3	
30	荒木町遺跡Ⅱ	旗本屋敷	499号遺構	碗	青花	景徳鎮	19-1	変形字銘
31	四谷三丁目遺跡	御家人屋敷	19号遺構	碗	青花	景徳鎮	19-3	「大清嘉慶年製」蛍手
32	真砂遺跡	大名屋敷	33号土坑	坏	青花	景徳鎮	19-2	「珍玉」
33	真砂遺跡	大名屋敷	33号土坑	坏	青花	景徳鎮	19-2	「玉珍」
34	本郷追分	旗本屋敷	1号大型土坑	坏	色絵	景徳鎮	19-1	瑠璃地金彩十錦手
35	本郷追分	旗本屋敷	1号大型土坑	坏	瑠璃釉	景徳鎮	19-1	十錦手
36	市谷左内町遺跡Ⅰ	旗本屋敷	118号遺構	碗	青花	景徳鎮	19-3	
37	東大構内御殿下	大名屋敷	7号遺構	坏	青花	景徳鎮	19-4	
38	真砂遺跡Ⅱ	旗本屋敷	12号遺構	皿	青花	景徳鎮	19-1	銘
39	荒木町遺跡Ⅱ	旗本屋敷	642号遺構	皿	青花	景徳鎮	19-3	「大清嘉慶年製」
40	荒木町遺跡Ⅱ	旗本屋敷	642号遺構	皿	青花	景徳鎮	19-3	「大清嘉慶年製」
41	汐留(都埋文)	大名屋敷	6J－033	皿	色絵	景徳鎮	19-3	銘十錦手
42	荒木町遺跡Ⅱ	旗本屋敷	499号遺構	散蓮華	青花	景徳鎮	19-1	
43	市谷仲之町西遺跡Ⅱ	旗本屋敷	94号遺構	散蓮華	青花	景徳鎮	19-3	
44	東大構内御殿下	大名屋敷	49号遺構	餌入れ	青花	景徳鎮	19-2	
45	荒木町遺跡Ⅱ	旗本屋敷	430号遺構	薬瓶	青花	景徳鎮	19-3	「朝陽堂」

江戸出土的中国瓷器

No.	遺跡	遺跡の性格	出土遺構	器種	施釉	推定生産地	推定生産年代	備考
1	興善町遺跡	唐通事会所	SE106	小坏	青花	景德鎮	16c末～17c初	
2	築町遺跡	町地	2区12号土坑	碗	青花	景德鎮	1590～1610年代	
3	興善町遺跡	唐通事会所	SK126	皿	青花	景德鎮	1610～40年代	「博古斎」
4	興善町遺跡	唐通事会所	SK126	碗	青花	漳州	1570～1610年代	
5	勝山遺跡	町地	1区井戸9	碗	青花	景德鎮	16c末～17c前半	
6	興善町遺跡	唐通事会所	SK1026	皿	色絵	景德鎮	1620～40年代	色絵祥瑞
7	出島南側護岸石垣	オランダ	表土・攪乱	皿	白磁	中国		
8	興善町遺跡	唐通事会所	SK126	皿	青花	景德鎮	1610～30年代	吹き墨
9	出島カピタン部屋跡	オランダ	E外・土坑30	皿	青花	景德鎮	17c前半	
10	築町遺跡	町地	2区12号土坑	皿	青花	景德鎮	1590～1610年代	
11	出島乙名部屋跡	オランダ	w・3c層	皿	青花	景德鎮	1600～1640年代	芙蓉手
12	出島カピタン部屋跡	オランダ	EE外・土坑30下層	皿	青花	景德鎮	1620～1640年代	芙蓉手
13	万才町遺跡	町地	4号土坑ほか	大皿	色絵	漳州	1590～1630年代	「天下一」呉州赤絵
14	出島乙名部屋跡	オランダ	E・石垣裏	皿	藍釉	漳州	17c前半	餅花手
15	出島乙名部屋跡	オランダ	W・2層	鉢	青花	景德鎮	1600～1630年代	芙蓉手
16	出島拝礼筆者蘭人部屋跡	オランダ	跡・瓦溜り	碗	青花	景德鎮	17c後半～18c初	
17	新地唐人荷蔵跡	中国	石垣外	小坏	白磁	徳化	17～18c	
18	唐人屋敷跡	中国	1号堀3層	小碗	青花	景德鎮	18c中葉	銘
19	唐人屋敷跡	中国	2層	碗	青花	中国	19c中葉	「大清嘉慶年製」
20	出島乙名部屋跡	オランダ	W・土坑54	小碗	青花	中国	18c末～19c中葉	
21	出島南側護岸石垣	オランダ	前面12区	碗	青花	景德鎮か福建	19c前半～中葉	虫銘
22	唐人屋敷跡	中国	1号堀3層	大碗	青花	景德鎮	18c中葉	
23	出島カピタン部屋跡	オランダ	E・近代土坑攪乱	碗	青花	中国	18c末～19c前半	角福
24	出島南側護岸石垣	オランダ	石垣前	小碗	青花	景德鎮か福建	18c末～19c前半	銘
25	唐人屋敷跡	中国	4区瓦礫2層	小坏	青花	中国	19c前半～中葉	
26	出島乙名部屋跡	オランダ	E・表土	小坏	青花	中国	18c後半～19c	
27	出島カピタン別荘跡	オランダ	土G下	碗	色絵	徳化	18c後半～19c前半	
28	唐人屋敷跡	中国	2層	小碗	色絵	徳化	19c中葉	「吉」
29	新地唐人荷蔵跡	中国	石垣外	小坏	青花	中国か	19c	
30	唐人屋敷跡	中国	3区石垣裏込め	小坏	青花	景德鎮	19c	「若深珍蔵」蛍手
31	出島三番蔵跡	オランダ	1層	小坏	青花	景德鎮	17～18c初	「琳玉堂製」
32	唐人屋敷跡	中国	1号堀3層	大碗	瑠璃釉	景德鎮	18c中葉	「大清乾隆年製」金彩
33	唐人屋敷跡	中国	1号堀3層	碗	色絵	景德鎮	18c中葉	金彩
34	新地唐人荷蔵跡	中国	石垣外	小坏	青花	景德鎮	19c初～中葉	銘
35	新地唐人荷蔵跡	中国	石垣外	碗	青花	景德鎮	18c後半～19c前半	銘
36	出島道路	オランダ	1号土坑	皿	青花	景德鎮	18c前半	
37	出島拝礼筆者蘭人部屋跡	オランダ	外・6号土坑	皿	青花	景德鎮	18c後半～19c初	
38	勝山町遺跡	町地	3区土坑6	皿	色絵	景德鎮	18c末～19c前半	銘
39	出島西側護岸石垣	オランダ	石垣前	散蓮華	青花	福建	18c末～19c中葉	
40	唐人屋敷跡	中国	4区瓦礫2層	散蓮華	青花	中国	19c	
41	勝山町遺跡	町地	3区土坑3	鳥餌入	青花	中国	18c末～19c前半	
42	新地唐人荷蔵跡	中国	石垣外	小瓶	青花	中国	18c	
43	出島南側護岸石垣	オランダ	石垣前	小瓶	青花	景德鎮か福建	18c後半～19c	「閩門泰伯廟橋南塊」「朝陽堂」

江戸、长崎类似的中国陶瓷

No.	遺跡	遺跡の性格	出土遺構	器種	施釉	推定生産地	推定生産年代	備考
1	唐人屋敷跡	中国	1区1層	小碗	青花	景徳鎮	18c	銘
2	唐人屋敷跡	中国	1号堀3層	碗	青磁・青花	景徳鎮	18c中葉	角銘
3	唐人屋敷跡	中国	1号堀3層	碗	青花	景徳鎮	18c中葉	角銘
4	唐人屋敷跡	中国	1号堀3層	皿	青花	景徳鎮か福建・広東	18c中葉	角銘
5	唐人屋敷跡	中国	1号堀3層	皿	青花	景徳鎮か福建・広東	18c中葉	
6	唐人屋敷跡	中国	1号堀3層	大碗	青花	福建・広東	18c中葉	角銘
7	唐人屋敷跡	中国	1号堀3層	皿	青花	福建・広東	18c中葉	
8	唐人屋敷跡	中国	1号堀3層	皿	青花	中国	18c中葉	
9	唐人屋敷跡	中国	1区1層	大碗	青花	福建	18c	
10	唐人屋敷跡	中国	4区瓦礫2層	皿	青花	福建	18c	
11	唐人屋敷跡	中国	1区1層	碗	青花	徳化	18c	
12	唐人屋敷跡	中国	3区石垣裏込め	小皿	色絵	徳化	18c末～19c中葉	
13	唐人屋敷跡	中国	1号堀3層	土瓶	陶器	宜興	18c中葉	
14	唐人屋敷跡	中国	3層	壺	褐釉	中国	18～19c	
15	唐人屋敷跡	中国	3層	壺	緑褐釉	中国	18～19c	
16	新地唐人荷藏跡	中国	列石下	碗	青花	福建・広東	17c末	印青花
17	新地唐人荷藏跡	中国	石垣外	壺	白磁	福建	16c後葉～17c前半	
18	出島カピタン別荘跡	オランダ	黑緑	碗	青花	景徳鎮	17c前半	芙蓉手
19	出島西側建造物跡	オランダ	3号土坑	小碗	褐釉・青花	景徳鎮	17c末～18c前半	バタビアン・ウェア
20	出島西側建造物跡	オランダ	3号土坑	皿	褐釉・青花	景徳鎮	17c末～18c前半	バタビアン・ウェア
21	出島南側護岸石垣	オランダ	瓦上層攪乱	皿	青花	景徳鎮	18c前半～中葉	
22	出島西側建造物跡	オランダ	T5	深皿	青花	景徳鎮	17c末～18c前半	
23	出島道路	オランダ	1号土坑	大皿	青花	景徳鎮	18c前半	
24	出島西側建造物跡	オランダ	2号土坑	手付水注	陶器	宜興	清朝期	刻印
25	出島カピタン部屋跡	オランダ	EE外・アマカワ遺構	植木鉢	緑釉	中国南部	清朝期	
26	出島カピタン部屋跡	オランダ	W・表土,1層	壺	緑褐釉	中国	清朝期	

长崎出土的中国陶瓷

（注：以上资料均源自弦本美菜子《锁国时期日本の中国陶磁の流通》）

　　长崎出土的多半是中国瓷器。在唐人屋遗迹中出土的文物中,大约有 80% 是中国制的产品。其中包括出了吃饭用的器皿以及其他生活用品,比如灯具和储藏品,基本推测为当时在运输船上运输的日常用品。食器为素描的凤凰文书或云龙纹,有梵文的碗和小、中型器皿很少见,一般出土的多为大碗。宜兴窑的紫砂壶和煮茶用的碗也被发现。此外,还有很多搬运类的储藏器皿,比如褐釉壶和褐绿釉壶等也出土了,这些被认为是当时运输酒类等液体的容器。从出土的产品来看,这些基本上是中国人使用的,从日本的遗迹大量出土中国陶瓷不难推断,这些陶瓷都是中国人运输至此的。

（1）新地唐人荷藏遗迹

新地唐人荷藏是中国船只卸载货物的保管场所,出土的文物在石垣内的比较少,大部分出土在护岸寺垣外侧。出土的文物主要以景德镇瓷和福建、广东的瓷器为主,德化窑的瓷器也少量存在。1702 年的印青花瓷碗就是出土物之一。此外,出土的安平壶是 17 世纪在中国福建省生产的粗制白瓷壶,名称因在台湾安平周边发现而得名。

（2）出岛荷兰商馆遗迹

在长崎的出岛出土的文物中,我们可以看出多样的异域文化的产品。如欧洲产的陶瓷器和玻璃制品,中国、东南亚、伊斯兰的陶瓷等,也发现了有很多被用作出口的日本国产瓷器。

18—23 为景德镇产瓷器,19—20 可以看出外面有一层褐色的釉,21—22 中央为绘画着唐人或是花草纹的器皿,23 是全绘有唐花草纹的大型器皿,这些都是 17 世纪后半期至 18 世纪前半期制作的代表性瓷器。

从出土情况来看,江户时代的中国陶瓷断代集中在 17 世纪到 18 世纪初期,大致可以分为两部分。前半部分伴随着出土的量减少,器皿的种类和构成主要以碗和盘为主;后半部分在量不多的情况下,器型主要以小杯为主,此外也夹杂着笔筒、花盆等趣味或是园艺用具。19 世纪的中国瓷器基本没有。

在介绍的 213 件资料里,碗和小杯子有 159 件占了 3/4;从产地而言,景德镇窑占了 175 件,福建、广东占了 14 件,德化窑 24 件,80% 以上的产品出自景德镇窑。

在清朝瓷器出土的种类中,碗或小杯以特定的器种为主比较集中、有固定的器型,纹饰及规格、彩绘的陶瓷占的比例高,数量在 18 世纪后激增,不仅在大名的地区出土,在中下级武士居住的地方也有出土。和江户相比,长崎出土的中国陶瓷以福建、广东系的产品较多,有很多碗和小杯子等小件以外的产品。

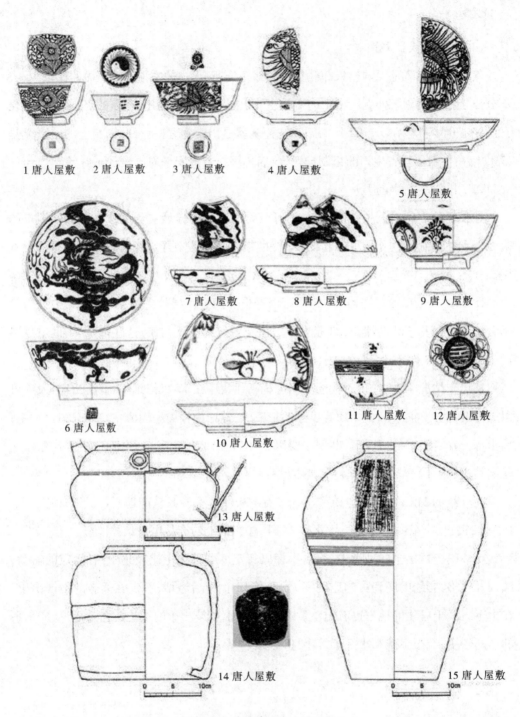

1 唐人屋敷　2 唐人屋敷　3 唐人屋敷　4 唐人屋敷　5 唐人屋敷

6 唐人屋敷　7 唐人屋敷　8 唐人屋敷　9 唐人屋敷

10 唐人屋敷　11 唐人屋敷　12 唐人屋敷

13 唐人屋敷　14 唐人屋敷　15 唐人屋敷

新地唐人荷藏遗迹出土的器物

（图片资料来源：弦本美菜子《锁国时期日本の中国陶磁の流通》）

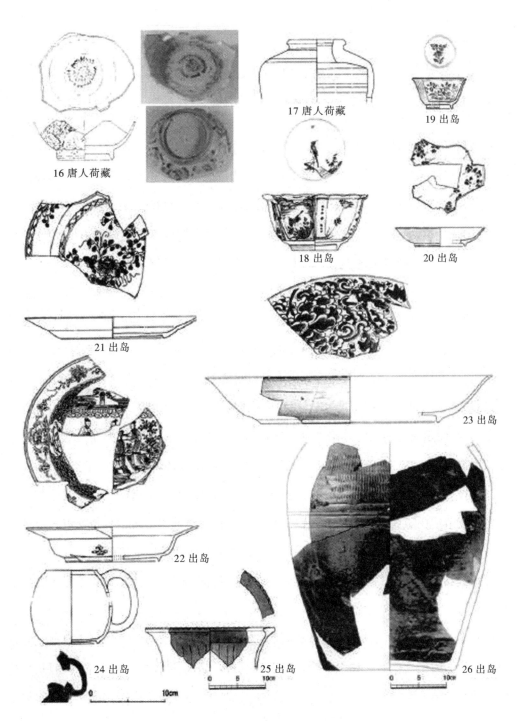

16 唐人荷藏

17 唐人荷藏

19 出岛

18 出岛

20 出岛

21 出岛

23 出岛

22 出岛

24 出岛

25 出岛

26 出岛

出岛荷兰商馆遗迹出土的器物

（图片资料来源：弦本美菜子《锁国时期日本の中国陶磁の流通》）

第五节　小　　结

纵观清代的对日贸易政策，我们可以看出它有几个相当显著的特征。在这些特征中，最令笔者钦佩不已的是这些政策中体现出的清统治者的积极态度和务实精神。在日本多次拒绝加入以清王朝为中心的朝贡体系时，顺治帝能够保持冷静的头脑，客观分析当时的国内外环境，不仅没有鲁莽地对日采取军事手段来维护自己"天朝上国"的权威，反而允许私人牌照贸易的存在。康熙皇帝的务实精神更是毋庸置疑，他在平定三藩、收复台湾之后，审时度势地开放海禁，将中日贸易推上高潮。在信牌事件中，他从国家财政经济和中日关系的大局出发，力排众议，保证了中日贸易的正常进行。即使在颁布南洋禁航令，对外政策暂时趋向保守的康熙晚年，他也始终鼓励、支持对日贸易。雍正时期，在中日贸易过程中虽有一些商人借贸易之机从事不法行为的现象，雍正帝本人也曾对"日本威胁论"有所认同，但他始终从大局出发，没有贸然采取断绝两国贸易的过激行为，而是通过创立商总制度对中日贸易过程中商人的不法行为加强管理。这种趋利避害的做法达到了双重的效果，即在对中日贸易的大环境进行有效清理的同时，时刻注视日方动向，既保证了中日贸易的畅通，满足中国财政上的需求，又有效地防范了日方可能造成的威胁和侵害。乾隆以后直至鸦片战争之前的清统治者也都以积极务实的态度审慎地对待中日贸易。可以说，务实是清政府对日贸易政策的一个基调。这比起走私贸易遍及天下却仍抱残守缺的在对日贸易问题上坚持海禁的明政府要高明得多。

其次，在务实思想的指导下，清政府的对日贸易政策显得灵活多变，即根据实际情况的变化适时做出调整。如顺治帝在朝贡贸易无法进行的情况下，创立了牌照贸易这一新的贸易形式来维持双方的贸易关系。康熙帝为解决驻台清军的军饷问题，曾派遣官吏押运船只赴日，希望建立中日双方持久稳定的官方贸易关系。暂且不论其实际效果如何，但从中可以看出，清代对日贸易政策并不是僵化地固守着既定规章，而是根据实际情况的变化不断做出调整。这种机动灵活的政策导向同样是远非至死不渝地坚持对日强硬，对日禁通的明王朝可比的。

但随着大清王朝日渐衰落，内忧外患不断，鸦片战争之时，整个清国大厦将倾，在这样的时代环境下，制瓷业自然也随波逐流，荣景不再。撇开清朝自身的原因不谈，中日陶瓷贸易的没落的其他原因不外乎欧洲制瓷业的进步和日本瓷器的崛起。

经历中西瓷器贸易的高峰期后，西方世界的需求在悄然变化。1759 年，瑞典公司曾指示他们在广州的代理人购买重的和耐用的瓷器，这反映了中国瓷器在西方民间的普及，1787 年后，作为进口中国瓷器主要国家之一的荷兰，在瓷器市场也出现了不景气的预兆，18 世纪 80 年代中国的制瓷业受到自然灾害的影响，产量更是大减，这也连带使得出口欧洲的瓷器量减少。因此，欧洲人不得不开始发展自身的制瓷技术来替代中国瓷器的需求。18 世纪初，法国传教士昂特雷科莱（汉名殷弘绪）来景德镇传教，7 年之后他将制瓷技术与配方秘诀带回法国，使得欧洲瓷器生产，迈出了关键性的一步。在王室的支持下，欧洲各国也开始成立皇家工厂，大量仿制中国瓷器。经过近百年的研究和探索，1709 年德国成为第一个首先烧造出媲美中国瓷器强度的硬质瓷的欧洲国家，但当时这些瓷器因烧造不易、数量稀少所以多为王室贵族专用。

在 18 世纪工业革命的浪潮中，英国提升了烧造技术，烧造出了白色兰花的碧玉瓷，英国人拼命地降低成本，为碧玉瓷赢得了庞大的市场。再加上 1794 年英国人发明了使用动物骨粉加上石英混合而成的瓷土，也就是所谓的骨瓷，这是一种烧造难度极高的瓷器，也恰恰证明了欧洲的陶瓷工艺研究进入了精益求精的阶段。在欧洲能够开始完成高难度的瓷器工艺并具备大量生产瓷器的能力后，它们自然就不需要再购买中国瓷器了。而随着中国古老神秘的面纱被掀开，欧洲对于中国风格的新鲜感也悄然消退。

另外，17 世纪中叶，即明清改朝换代的动乱致使景德镇的瓷器生产停滞，而这为日本有田窑的兴起提供了有利的机会。日本有田窑制作的瓷器以青花瓷为主，一方面是为了迎合商品种类的需求；另一方面是因为早先中国的青花瓷器对于日本本土的制瓷业有着非常重要的影响，才使得日本具有烧造青花瓷的能力。更重要的是，有田窑也陆续生产出独具特色的釉上彩瓷，其中以柿右卫门烧与伊万里烧最具代表性，这两种类型的日本瓷风格鲜明，且在 17 世纪中晚期在国际市场形成风潮。此外，日本幕府为了拓展自己的外销瓷器市场，以及展示后来居上的制瓷技术，将品质不错的瓷器运销欧洲，也不惜付出相当大的努力。日本政府鼓励海外贸易，促使国内陶工参加 1873 年维也纳万国博览会、1876 年美国费城万国博览会等，为求进步曾派遣国内陶瓷界技术团和领导人组成团队前往法国等先进国家考察设备、实习，在不断的努力下，1870 年以巴黎为中心掀起了日本瓷流行风，并在 1880 年达到巅峰。1878 年的巴黎万国博览会，日本的参展作品除了色彩华丽的有田系彩瓷，还有素烧无釉以及形状和装饰皆自然不加修饰的备前烧陶器，这对于当时的欧洲人来说是迥然不同且充满趣味的另类审美，而这也造就了日本瓷器的外销市场蒸蒸日上。

回顾中国外销瓷器的发展脉络，中国瓷器在历经 15 世纪至 18 世纪末的辉煌岁月后日渐衰退，其原因大致有三：欧洲瓷器市场的转变与工业革命的快速进步、日本瓷器的崛起、18 世纪末期中国内部政治社会的不稳定。

第六章　近现代日本陶瓷快速发展原因探析

　　日本与中国同属亚洲国家,在 19 世纪都面临着西方列强的威胁。中国早在 7 世纪就开始外销瓷,而日本于 17 世纪才接到第一笔订单,但是在 19 世纪,日本的瓷业已经反超中国。如今,中国陶瓷业虽然再度崛起,但是在世界上中高端日用瓷陶瓷品牌市场中,日本仍旧是强者,并且在先进陶瓷领域日本也是走在世界前沿,特别是在先进陶瓷材料方面占有领先、突出的地位。所以,尽管当下日本和欧美乃至中国在传统陶瓷材料研究方面水平相差并不大,但在新型陶瓷材料产业方面,日本在世界上仍占有绝对领先的优势,而且日本近年来一直将先进陶瓷看作是决定未来竞争力前途的高科技产业,不遗余力地加大投资力度。其生产的先进陶瓷敏感元件已占据国际市场主要份额,包括热敏、压敏、磁敏、气敏、光敏等在内的各种先进陶瓷产品垄断着一大部分市场。

　　从陶瓷的发展历史来看,日本的陶瓷发展大部分源于其他国家的经验借鉴,尤其是中国。在中国战国时期,因战乱导致一些中国人逃亡到了日本定居,同时也将中国的制陶技术带入了日本,这便是日本陶瓷的启蒙,随后的隋、唐、宋、元、明、清,日本派出众多使臣前往中国学习交流,而日本的陶瓷在这段时间也产生了飞跃,例如日本的"奈良三彩",其技术源头便是"唐三彩";"天目茶碗"也是缘于中国的黑釉陶器;日本青花瓷鼻祖伊藤五郎太夫也是从中国景德镇学成归国后创烧了日本青花瓷。

　　日本陶瓷外销从落后中国近 10 个世纪到位居世界前列,仅仅用了百余年时间,创造出了许多世界级的品牌,它的发展途径值得我们探究学习。

第一节　政府政策全方位扶持

　　17 世纪,日本开始陶瓷外销,但是那个时候的日本陶瓷在国际上反响不佳,质量、美观程度远低于中国,但是日本人并未放弃这一市场,即使在闭国自封的 1641 年到

1867 年，德川幕府也允许其陶瓷品在中国、荷兰、长崎销售。到了 19 世纪 70 年代，明治新政府开始意识到继续这样下去经济得不到发展，外销瓷的商机在这个时候进入了当局的视野，很快日本政府就明确提出了通过陶瓷贸易打开振兴之路的构想，紧锣密鼓地开始筹备，通过一些补贴、表彰、地方保护、无形文化保护公约等政策鼓励相关企业及从业人员不断在陶瓷之路上前进，同时不断引进西方国家工业革命成果运用到陶瓷技术生产上。

在新政府的大力支持下，日本瓷迅速成熟，需要的仅仅只是一个证明自己的契机，而此时中国瓷业的衰落为日本瓷提供了这样一个契机。1873 年，日本政府抓住奥地利维也纳万国博览会这个机会，明确提出了贸易振兴的构想，1872 年 6 月，日本成立了博览会组委会，精挑细选了当时具有各种技能的 24 名研修生，并且由政府出资收购适合参展的作品千里迢迢地送到了维也纳，虽然这一次的参展效果有限，但是也为日本陶瓷"走出去"奠定了基础。1876 年美国费城博览会，日本政府更加重视，首先委派各省选送顶尖厂商参展，给予资金支持，其次是由参加过上一届博览会的官员为参展商设计参展提供精选产品。为了使更多日本产品走向国际，政府也鼓励私人参与，由政府支付所有的往返运输费用。当时参展的价值超过 25 万美元，而日本政府交通运输费用就达到了 30 万美元。在政府的大力支持下，日本瓷器的这次参展非常成功。有西方媒体这样评论："日本的参展品值得一提，不仅种类繁多齐全，而且所有物品品质高、价格适中。日本工匠的参展，带来了精湛工艺的展示。日本此次展示的瓷器，如茶壶、咖啡用具、瓶、盘、火盆、水罐等，被誉为陶瓷业的最好、最完整的一次展示……日本带来的产品是此次展会的最亮点。"[①]

"岩仓使节团"在游历博览会时发现，展览场是科学技术的竞争，即使是大而强的国家，对于来自小国极富竞争力的科技发明，也必须给予尊敬，因此意识到"大国不足畏，小国不可欺"，并制定了"贸易立国"和"产业立国"紧密结合的政策。这一政策贯穿始终，对日本资本主义的发展产生了深远影响。通过这次博览会，日本看到了与日本文化完全不同的西方文明带来的新思想、新技术，明治初期的日本确立了"小而强的国家"的定位，开始了从城市空间改造到科学技术创新等各个层面的变革。日本政府极

---

① Nancy N. Schiffer, Japanese Porcelain, Schinffer Publishing, 1986.

有远见地跨出国门的这一步,意义和效果都是深远的。

1884—1990 年日本外销瓷

另外,日本地方政府还特别注重无形文化遗产的保护,昭和二十三年(1948 年),日本政府公布了《文化财保护法》,不仅针对有形的文化财(文化遗产),同时提出要保护无形文化财,包括传统手工技艺、制作过程及期间反映的文化观念、历史传承、价值认同、口传身授的民间习俗等无形文化的整体呈现。在昭和二十七年(1952 年)至二十八年(1953 年)间,日本认定的无形文化财有 47 件,其中 9 件和陶艺相关,例如荒川丰藏的志野制作工艺、濑户制作工艺、加藤唐九郎的织部制作工艺、金重陶阳的备前制作工艺、石黑宗磨的天目釉制作工艺等。① 为了配合相关立法的实施并普及,政府还定期举办无形文化财日本传统工艺展,对发展日本陶艺有卓越贡献的陶艺家还被授予文化勋章。

20 世纪 90 年代初,房地产产业和金融业的崩盘使得日本陷入经济危机。受到大

---

① 关涛、王玉新《日本陶瓷史》,辽宁画报出版社 2001 年版。

环境的影响，日本陶瓷业也走入低谷，企业经济效益入不敷出，倒闭的陶瓷企业越来越多。面对这种情况，十几年来，日本政府对于这些企业实行中央银行再贴现率降了又降，最低时0.1%，同时出台了10多项财政刺激政策。虽然未能彻底扭转态势，但是对保护民族企业的努力确实值得肯定。

除了经济上的支持，日本政府和企业的合作非常密切。早在幕府时期，藩政府就对其下藩窑严格管理，精细分工，明确每个人的责任，提高质量，降低残次率，并且提供米、黄金补贴，赋予陶工较高的社会地位，使得日本国内窑口越来越多。

从17世纪日本外销瓷贸易开始，日本政府就意识到了与外界交流的重要性，因而一直给予企业资金、顾问方面的支持，诱导企业走出去，充分提高了日本陶瓷在国际上的声望，也为后来引进新思想、新技术奠定了基础。在保护国家非物质遗产和人才鼓励机制上，日本政府更是不遗余力。这些做法在规范了行业管理的同时极大地促进了经济的发展。

第二节　广大民众对陶瓷的重视

政府的大力支持使得日本国内陶瓷企业非常多，日本国土狭窄，面积仅37.8万平方公里，在全国43个都、道、府、县中，就有35个县级陶瓷生产企业，陶瓷企业几乎遍及整个日本。现代陶瓷企业最集中的地区为日本中部的东海地区，包括爱知县、岐阜县与三重县等陶瓷企业密集地。此外，九州岛的佐贺县亦为日本高级瓷器的集中产区，在这里有被称为"日本的景德镇"的有田烧生产的高档瓷器。有田当地还专门建设了一座以陶瓷为主题的休闲公园，公园设计模仿德国宫殿的陶瓷美术馆，收藏有世界知名的有田烧作品，展出作品充分反映了从江户时代到明治时期有田烧的历史演变。

近年来，日本陶瓷行业大力发展精密陶瓷产业，又形成了以本州的历史名城京都及九州的鹿儿岛为主要基地的特种陶瓷产区，其中京都陶瓷公司开发研制的陶瓷发动机与鹿儿岛开发的宇航系列特陶材料均闻名于世。日本建筑陶瓷企业经过多年来的发展、调整与淘汰、整合，现主要集中于名古屋地区的爱知县、岛根县及兵库县一带，包括瓷砖、陶瓷瓦在内的产品在市场上的占有率已达到83%。上述地区有较优质的陶瓷原

日本有田烧陶瓷公园

料,陶瓷企业多、产量大,多采用专业化分工生产方式。东海地区陶瓷产量已占全国总产量的80%左右,出口额占90%以上。东海地区的濑户、多治见、四日市、土岐、瑞浪、常滑及名古屋等城市均以陶瓷业兴市,其生产的日用瓷餐具、艺术陶瓷(陈设陶瓷与装饰品、玩具等)及建筑陶瓷、卫生陶瓷(瓷砖、马赛克、卫生洁具)等陶瓷产品,在国际市场占有举足轻重的地位。除现代化陶瓷企业,日本各地还拥有以陶艺家作坊为单元的个人陶瓷企业,主要生产面向国内市场的传统手工陶艺制品,制品种类包括餐具、茶具、酒具及供收藏欣赏的工艺瓷品种。目前日本全国各地国民都十分喜欢陶瓷,有23个专业陶瓷研究所、15个指导所、12个陶瓷工艺美术中心,社团随处可见,如京都四园:游陶园、时习社园、京漆园、道乐园以及东陶会、耀耀会等。这些充分展示了日本人对陶瓷的热爱,他们认为在现代化社会中虽然充斥着大量的塑料、玻璃、不锈钢、仿瓷制品、木器与铝制品,但无论在使用功能还是艺术欣赏上,陶瓷仍是最有魅力且为人乐道的。除了专业的制陶人士,还有很多艺术家和爱好者自己购买瓷土、釉料用小窑烧造属于自己的独特瓷器。这种普及程度与日本陶瓷教育的普及有很大关系,日本现有专业陶瓷大学三所,东京大学、名古屋大学、和京都大学都设有陶瓷学科,后扩大为窑业科和无机材料工业科,其他开设相关专业的大中专院校数不胜数。除了在大中专院校开设专门的陶瓷课程,日本还有许多陶瓷方面的培训学校,课程设置有基础知识、原理、结构组成、窑炉设计、烧成工艺、固相反应、窑炉、燃烧方法、燃烧效率、耐火材料、陶瓷产品讲座、新陶瓷材料等 180 个授课单元。

日本那霸育陶园

　　在日本，不管是专业的陶艺家还是非专业的陶瓷爱好者，都可以找到发挥个人技能及爱好的天地。这些社团和培训机构的存在以及大环境的熏陶，使得陶瓷文化在日本深入人心，形成良性循环，人们用瓷，欣赏瓷器，发展瓷器，向外推销日本陶瓷文化，促使人们更加热爱陶瓷，进而购买更多的陶瓷用品，这也使得陶瓷艺术在日本非常有市场，更多的人加入制陶的行业，从业人员越多，各种流派变化就越丰富、技术越精湛。这一点就连经济发达的欧美国家都相形见绌。例如美国每 8 个人中就有一个喜爱制陶，制陶者总数在 200 万人左右，但是以靠卖作品为生的却很少。北欧的陶艺家同样如此，他们在世界上声名显赫，但是几乎所有的设计师是受聘于企业，并没有独立谋生。在英国，以制瓷为生计的陶瓷家也非常稀少。所以，日本国民性的"陶瓷热"也是至今支撑着其发达的陶瓷工业的一个主要因素。

第三节　注重外向型发展的经营方略

　　在日本历史上，曾经经历过很长时间的锁国时期。为保持岛屿的独立性和专有性，日本很长时间内仅开放长崎一个港口。随着社会进步，1853 年日本闭关锁国的政策彻底结束，贸易给日本带来的经济效应让政府看到了发展的机会。明治维新时代，日本人将从中国学到的传统的陶瓷技术与西方国家的机械化技术结合,使得制瓷水平提高了一个台阶,将陶瓷贸易也推向了高潮,奠定了日本国际陶瓷强国的地位,所以在这样的环境下成长起来的日本陶瓷企业极为注重外向型发展的经营理念。

在日本,陶瓷企业的老板非常重视将产品投放国际市场,始终把产品出口业务放在最重要的位置。企业老板认为,日本国土面积小,人口有限,因此不论消费什么产品都是有限的。企业如果不能将产品销往国际市场,就不会有发展前途,还将失去在世界经济一体化条件下生存的意义。日本企业的经济全球化意识是非常强烈的,他们把努力开发国际市场当作企业生存的首要目标。因此,企业老板每年数次到国外考察市场,以日本人特有的"情报癖"搜集各种陶瓷商业与技术情报。他们对于世界各国陶瓷生产技术水平状况与产品市场走向都非常了解,具有独特的审视目光,谈论某国的陶瓷产品品种、生产能力乃至原料性能可以如数家珍。在此基础上,日本陶瓷企业采取措施改善经营、改进产品,以适应不断变化着的国际市场的需求。为达到产品外向型发展的目标,日本陶瓷企业往往对不同国家的不同市场需求形成陶瓷、陶器、炻器、半瓷器、精陶、骨质瓷、硬质瓷、强化瓷等诸多品种,在产品的档次上区分出高、中、低档,采用相应的原料与工艺进行制造生产,形成不同的售价档次,以适应欧美及东南亚发展中国家不同的消费水平。即使使用的液化气燃料全是高价进口,他们也仍然坚持二次烧成。日本迄今仍然采用二次烧成的方法,即素烧之后再釉烧,生产出的产品不仅适应国际市场的需要,而且其高档瓷售价带来的高额利润可以远远抵消能耗的成本。

目前,日本陶瓷出口产品在质量、档次及总出口额方面均居世界前茅。其高、中档瓷器商品一直稳占美国、西欧等发达国家的市场,也有许多产品出口到发展中国家,其中不少名贵陶瓷产品已在我国北京、上海、深圳等城市登陆亮相。

第四节　先进的技术与严格的管理

一件瓷器佳作,其本身体现的是一个企业的综合技术水平与高素质的经营管理。尽管 20 世纪经济不景气依然困扰着日本陶瓷行业,但是对能提供生产效率与质量的技术,日本陶瓷企业却从来没有放弃,在材料科学领域,日本一直走在世界的前列,尤其是在新型陶瓷材料产业，例如具有抗菌性能的陶瓷餐具、蓄光性日用陶瓷、电诱导加热烹调餐具等。在烧造技术上，日本早就开始采用高热效率的轻型化烧成窑炉及轻质窑具，在窑炉内部采用绝热性高的陶瓷纤维材料，大大提高了窑炉的热利用率。一些大规模的企业还采用了还原焰烧成辊道窑，不仅能加快烧成速度，还使得窑内温度比较平均，早在20世纪中期，日本陶瓷日用瓷烧成温度就在1300℃以上，烧成周期20—26小时，如今的景德镇也才将将达到这样的烧成效率。在彩绘方面，日本陶瓷充分利用了计算机技术，极大地提高了印花的精度、清晰度，开发了许多色泽鲜艳、细腻的新品种陶瓷颜料，而且日本陶瓷企业非常注重环保，一直致力于解决色料中重金属析出和高温烧结工序中污染物排放的问题。在生产自动化方面，日本陶瓷生产工艺与技术装备基本完成了自动化与智能化等高科技改造，如连续式自动化原料加工、高强度磁性除铁工艺、等静压与水压成型工艺、自动施釉、自动干燥乃至全自动控制烧成技术等。除极少数工序尚待完善，绝大多数工序由机械代替人工完成。

在陶瓷工艺管理方面，日本陶瓷企业对使用的原料、燃料、耐火材料、模具、装饰色料等物料的进厂质量标准和整个生产流程中的工艺技术指标与作业基准都采取了严格的控制手段，严格做到不合格的原料、坯料及半成品不得进入下道工序，采取全员质量管理体系，将产品的缺陷消灭在萌芽状态。如陶瓷装烧使用的匣钵，除按照不同的烧成温度选用不同材料制作，匣钵等窑具的制造工艺标准比瓷器标准更加严格；石膏模具、日常使用的釉料、坯料等原料入厂后，一般必须经过化学分析、射线分析、耐火度、电子显微镜检测等12道检验才能过关；为防止瓷器表面黑点的产生，原料通常要经过多次过筛、6次除铁等技术措施。而且特别要指出的一点是，日本陶瓷企业早在20世纪就采用素烧的手段来提高产品的合格率，而中国至今很多陶瓷作坊为了节省成本还是采用一次烧成，只有一些附加值非常高的艺术瓷才会先素烧，虽然表面来看节省了成本，但是从最后的合格率来说其实并不划算。

在质量管理体系上，日本的产品精益求精。京瓷株式会社在创办伊始所遵循的原则就是：产品在质量方面必须尽善尽美。这就要求产品必须有令用户叹服的高品质，京瓷的社长稻盛和夫的理论是：首先，将预算放在一旁不予考虑，至少先产出一个最高品质的产品，然后再考虑成本因素，研究怎样进行批量生产。其次，产品体现制造者的心性，粗糙之人生产出的是粗糙的产品，细致之人生产出的是细致的产品。因此，应该在趋于完美的制造工序下,以稠密而集中的步骤投入生产过程,只有这样才能生产出尽善尽美的产品。[1] 日本陶瓷制造企业田向兰第二工厂对每道工序都进行严格检查,即使产品只有一个黑点也作废处理。日本陶瓷企业采用的是全员质量管理体系与生产过程的严格管理,所以日本高档成套瓷器质量一级率均超过 90%。

在人员管理方面,日本人的敬业程度在全世界范围也是非常出名的。因此,建立在这个基础上的企业文化必然是高度统一的集体精神。日本社会鼓励和重视团队建设,强调协同作战的一致性,鼓励个人利益服从集体利益,推崇严格的工作制度。企业将这样的企业文化在员工刚入职时就灌输给员工。通常日本公司的招聘程序比较相似,公司每年招聘一次,并且几乎全部聘用初级水平的员工。在员工开始工作的同时,公司内部培训也随之开始,培训的目标就是在教会他们必须掌握的技术和专业技能的同时,让这些新职员融入公司理念和思想方式中。[2] 虽然每个公司的文化不尽相同,但是纪律严格、工作勤奋、高度忠诚、服务意识、服从命令和追求完美的态度却是每个公司对员工的基本要求。

第五节　行之有效的市场运作模式

日本拥有一批享誉世界的品牌,从 17 世纪开始,伊万里瓷、有田烧、美浓烧等就作为日本瓷器的代名词远销海外,这些陶瓷的外销贸易为日本带来国际声誉的同时也培养了一大批现代知名企业,如德山化工、往友化学、日立金属、TOTO、京瓷、DENSO、昭和电工、Noritake、鸣海制陶等各种类型知名陶瓷企业。创名牌产品、实施品牌效应目的都是提高企业的国际竞争力。例如在 1904 年创立的"Noritake"前身"日本陶器合名会社",创业开始后直到生产步入正轨经过了诸多波折,走过了一段艰辛的岁月。直到 10 年后的 1914 年终于制作出日本第一套西式餐具。出口美国的日本制西式餐具非常畅销,不久,"Noritake"的名字享誉全球,成为世界知名品牌,目前在欧洲和北美的各大航

---

① 　稻盛和夫《京瓷的成功轨迹》,中国友谊出版公司 2003 年版。

② 　刘寅龙、柴金译,卡林·霍罗伊德、肯·科茨著《商业制胜之日本》,中国水利水电出版社 2001 年版。

空公司航班上，饭店、高档餐馆里都可以见到这个品牌的餐具。

大仓陶园生产的瓷盘

优质的品质固然是品牌的基础，但是品牌的建设单凭质量是不够的，在日本陶瓷企业中，企业是创名牌的主体，政府是推进发展的动力，行业协会是名牌战略推进的依托。品牌的建设需要企业内部一套完整的评价体系和管理体系，需要政府部门、行业协会、媒体等多方面的支持和合作，优秀的团队精神是支持日本企业在国际上取得领先地位的必备条件。

在日本国内，陶瓷销售店铺非常多，但是日本国土面积和人口有限，所以日本的陶瓷企业家很早就意识到只有将产品投放国际市场，才能获得最大的利益。为了在外国建立起广大、持久的市场，日本企业之间也采取合纵连横的方式，统一推销、统一商标、统一品质，取各家所长占领海外市场。

日本瓷器在北美及欧洲市场的销售方式也独树一帜，通常北美和欧洲会在大商场售卖瓷器，但是日本企业家根据对当地消费习惯的分析，采用的是"文化 + 销售"的营销方式，在有着强烈日本风格装饰的店面里采用工厂直销的形式，集中日本所有知名品牌，价格从几美元到上百美元不等。在服务上，店员会非常耐心地为你介绍各种制品的用途,结账时还会仔细检查,甚至每一个碗边都会摸一圈,确保没有任何残次。日本的企业内部对产品品牌的控制也非常严格,一直努力打造精品瓷,日本国内严禁未登记商标的产品出口。例如日本陶器株式会社厂家的一级品采用"Noritake"商标,而达不到一级品的采用其他商标,严格细分质量,而"Noritake"的产品一般会如同高档珠宝一样放在精心装饰的橱窗里售卖,一套三件的咖啡具彩瓷售价 70 万日元。

第六节　独具文化特色的设计理念

(1)天马行空的设计感

从器型上来说,日本陶瓷的设计是没有固定形态这一说的,例如缺一块的圆盘,缺一角的方形碗,多边形的汤具等,造型各异仿佛形成了日本日用瓷的风格体系。这种造型上的艺术性使人非常容易区分日本瓷与其他产瓷区的产品,别出心裁的设计冲破了人们头脑中的固定造型,摒弃了一切常规模式的先入为主的认知方式,使人眼前一亮、印象深刻。在日式的审美里,这些不完整、非常规、有缺陷的设计手法比完整、日常、完美的形式更能表现物体的内部精神,其真实性更加贴近生活。

从色彩上来说,日本陶瓷色釉装饰的丰富性在国际上也是屈指可数的,除了一些传统的青瓷、无釉素瓷等,日本陶瓷中经常大量使用"红、黑、蓝、绿"等非常具有冲击力的颜色进行撞色搭配,虽色彩斑斓却不失自然的美感。

(2)人性化的艺术感

艺术感、人性化、日用瓷这几个词因本身的局限性仿佛很难展现在同一件器物上。但是在日本的日用瓷上,我们通常可以看到三者的完美结合。日本肥前地区有田烧文化的 13 款豆碟系列中展示了各式具象型的碟,有雀形、鱼形、蝴蝶形、花形、扇形、桃形等花、鸟、虫、鱼的各式形象,并且搭配了釉上、釉下、青花、红釉、镀金、刻花、印花、手绘等各式各样的装饰手法,整体形象非常具有生命力。具象型器物最早的发源地并非日本,而是中国,但是仅仅是昙花一现,并未形成体系流派传承。而在日本,这个艺术与实用没有固定界限的过渡,艺术与实用便不冲突,反而是一种相互表达、渗透的关系。

（3）返璞归真的手工制作

在 21 世纪的今天,全球各地早就普及了高度机械化,发达如日本更是不缺乏技术,但是机械化并未取代日本传统手工瓷的地位。大规模的批量生产固然成本低廉,但同时也缺乏个性、单调乏味,追求自然美的日本陶艺家认为只有通过手工制作才能表现出物象本身的质朴、天成,所以直到今天,古老的全手工陶瓷艺术仍旧占有一席之地,享有着很高的艺术价值和经济价值。

第七章　中国陶瓷近现代发展状况

瓷器是中国最伟大的发明之一,陶瓷生产在中国已经有5000多年的历史。经过中华人民共和国成立60多年来的发展,尤其是改革开放以来,中国陶瓷工业发展迅速,主要分为建筑陶瓷、卫生陶瓷、日用瓷及艺术瓷几大类别,出口超过200多个国家和地区,年产量与出口金额均居世界首位,是名副其实的世界陶瓷生产、出口、消费大国。

景德镇是一座有着1600多年历史的古镇,自汉代便开始制陶,发展到宋明时期就已经成为中国当之无愧的制瓷业中心,明洪武二年(1369年),朝廷在景德镇设御器厂,当时镇内官窑58座,民窑数百座,"昼间白烟掩盖天空,夜则红焰烧天",到了清代尤其是康乾盛世期间,镇内人口逾十万,瓷业发达,商贾如云,有"绝妙花瓷动四方,廿里长街半边窑"之说,古彩、粉彩、珐琅彩和各种名贵色釉均创烧于此时。鸦片战争后,国家岌岌可危,景德镇制瓷业遭受严重摧残,但是窑火却未曾熄灭。郭沫若诗云"中华向号瓷之国,瓷业高峰在此都",所以要分析中国陶瓷业,景德镇是一个具有代表性的研究对象。

第一节　1949年以前的景德镇瓷业

乾隆后期,随着清国日渐衰败,景德镇瓷业也开始萎靡,鸦片战争后中国沦为半殖民地半封建社会,在外国侵略者和国内统治者的双重压迫下,瓷业每况愈下,洋瓷的倾销使得岌岌可危的景德镇瓷业更是一落千丈,唯有艺术瓷、仿古瓷仍旧在国内享有较高声誉。《江西通志稿》记载:"咸丰十一年(1861年),景德镇输出瓷器9848担;同治时期输出最多的年份是同治三年(1864年),为5831担;光绪时期非常不稳定,最多时输出67851担,最少时仅有5046担。"

清代后期,景德镇与国内外技术交流日渐减少,劳资纠纷不断,但是传承仍在继续,当时景德镇瓷坛涌现出一批优秀的人才，例如撰写《陶说》的朱琰，《匋雅》作者陈浏，雕塑名匠陈国治、王炳荣、李裕元，绘瓷名家王廷佑、金品卿，色釉名家李之衡，制瓷名匠鄢儒珍等。

民国时期，上层腐败，外敌入侵，经济萧条，民不聊生，景德镇的陶瓷生产持续下滑，表现为民国十七年(1928年)景德镇尚有1451家制坯厂家，中华人民共和国成立前夕仅有90余户；瓷窑从128座锐减到1949年前后仅有8座；红店从1452户到367户。在陶瓷技艺上虽有一些新的装饰，但整体是退步状态，青花装饰、釉下五彩、粉彩、新彩都甚为粗糙、烦琐，在1949年前后数十种名贵色釉已濒临失传，此时后起的陶瓷强国日本及欧洲等国家早已采用了机械化，景德镇基本还是沿用清朝旧法。

即使在这样恶劣的外部大环境下，景德镇瓷业在民国时期仍然孕育出了近代陶瓷界翘楚——“珠山八友”，这批异军突起的陶瓷艺术家在景德镇瓷业最薄弱的时期延续了瓷都的余韵，使我们在近代景德镇瓷业史上找到了一些自信。

第二节　改革开放以前的景德镇瓷业

1949年4月29日，景德镇宣告解放，在中国共产党的领导下，景德镇瓷业迅速恢复生机。中华人民共和国成立初期，景德镇共有2493个窑户，正常开业的仅有7%，当时政府一方面派出人员宣传政策，安抚民心，一方面由人民银行贷款16亿元用于恢复生产和组织自救。在多方努力下，1952年景德镇瓷业生产基本恢复，年产量增至9022万件。

中华人民共和国成立初期，景德镇的瓷业呈散沙状态，最小的瓷厂仅有1—2人，最大的瓷厂也不过137人，为了便于管理和改造，1951年市委、市政府决定引导这些私营企业分三批进行联营。第一批组建了5个联营瓷厂，分别为国光瓷业产销股份有限公司、裕民陶瓷生产股份有限公司、建中瓷厂、大器匣钵厂、小器匣钵厂。第二批则组建了华光、群益、民安、建华、赣华、新生、永新、永和、兴中、大中、建新等12个联营瓷厂。第三批组建了光大、黎明、裕华、民生、民建、利生等7个联营瓷厂，到了1954年，景德镇基本上完成了私私联营改造计划，这些联营瓷厂也与国营瓷业公司建立产供销关系，实现了盈利。在 1954—1958 年间,大、中、小型瓷业一再合并、重组,最后在 1958 年 7 月 1 日合并为十大地方国营瓷厂。

1959 年市委在研究了各大、中型瓷厂的特色后,决定东风瓷厂以生产茶具、碗类为主;红星瓷厂以生产盘类和玲珑器为主;建国瓷厂以生产茶具、碗类为主;新平瓷厂以生产中西餐具为主;宇宙瓷厂以生产盘类为主;华电瓷厂以生产高、低压电瓷为主,并生产部分工业用瓷;建筑瓷厂以生产建筑瓷、卫生瓷为主,并生产部分其他工业用瓷;艺术瓷厂以生产彩绘瓷器为主;雕塑瓷厂以生产各种雕塑瓷为主;高级美术瓷厂以生产高级美术、陈设瓷为主;高压电瓷厂以生产高压电瓷为主;景德镇瓷厂以生产西餐具、咖啡具为主。

经历了一段时间的调整后,景德镇的十大瓷厂慢慢走上正轨。1965 年,全市陶瓷行业固定资产原值已经增至 2089 万元,为 1960 年的 1.5 倍,职工总数为 19334 人,比 1960 年减少了一半;日用瓷产量为 17402 万件,比 1960 年增长了 46%,总产值为 6832 万元,比 1960 年略有下降,利润 455 万元比 1960 年增长了 93%;出口瓷为 8002 万件,比 1960 年增长了 43%,1965 年日用瓷一级品率为 58.7%,出口合格率 81.7%。在职工人数减少的情况下,出产量、利润率均有大幅提升。

但是这样的发展并没有持续太久,1966—1976 年间,陶瓷工业随着政治和社会的动荡起伏波动,出现了比较明显的 3 次低谷和 2 次回升。三次低谷分别出现在 1968 年、1974 年、1976 年:1968 年景德镇处于无政府状态,因为无人管理,当年日用瓷产量仅为 11529 万件,比之前少了近三分之一,陶瓷工业亏损 803 万元;1974 年,日用瓷产量比上一年下降 12.4%,盈利比上一年减少 93.5%;1976 年,日用瓷产量比上一年度下降 19.2%,产品质量下降到历史最低点,一级品率仅为 28.8%,亏损 1298 万元,景德镇瓷业濒临崩溃。两次回升分别出现在 1970—1973 年和 1975 年:1970 年,中共中央提出了开展增产节约运动的指示,当年日用瓷产量达到 17942 万件,恢复了 1965 年的水平,年盈利 378 万元;1972 年,中共中央发布 117 号文,纠正极“左”思潮,调动了员工积极性;1973 年,日用瓷产量达到 24760 万件,盈利高达 1034 万元,这也是十年中最好的一年;1975 年,邓小平主持中央工作,在全国开展整顿,当年,全市日用瓷产量为 24260 万件,利润达 167 万元。

第三节　改革开放以后的景德镇瓷业

1966—1976 年间，陶瓷行业在极端困难中前行，受外界环境的影响非常严重，虽然进步缓慢，但是与共和国成立初期相比，在技术改造上还是有所收获的，比如建立了隧道窑 18 座，改建了瓷土矿、引进了国外的先进设备 18 台，改造了厂房 10.6 万平方米。1978 年，日用瓷产量达到了 27432 万件，年盈利达到了 1027 万元。20 世纪 70 年代末 80 年代初，景德镇多次派出技术人员到日本现代化瓷厂学习，还邀请了日本陶器、日本新荣机工等株式会社的主要人员到江西与我国陶瓷技术人员进行座谈。下面摘录部分座谈内容来反映当时景德镇瓷业的状况。

（一）日方说："你们的陶瓷生产效率不高、质量低，主要是管理问题，有的厂 70% 的人力用于坯体运输，而日本采用的是吊篮输送和皮带传送机。""新荣"提出建议，将为民瓷厂进行改造，只要提供平面图。主要采用以下三项措施：

①干燥采用链式干燥剂

②坯体运输采用皮带运输机

③采用素烧工艺

改造结果：人力减少 50%，产量提高 50%，厂房空出 1/3，需要投资 1 亿 2500 万日元，按当时汇率计算为 104 万元人民币。

（二）日方在瓷石矿看见我们采用雷蒙机细碎原料时说："用雷蒙机细碎原料，铁质也细了，除铁比较困难，雷蒙机内钢质矿物也会混入瓷粉中，影响原料质量。"

（三）日本陶瓷泥浆吸铁器的磁场强度为 2 万高斯，要经过三次除铁，而且都采用逆流式的高强度除铁。日方说："你们的除铁磁场强度低，只有 5000 高斯，泥浆顺流不好，要从下往上流，可以提高除铁效率。"

（四）日本建议坯料切片要厚度保持一致；泥饼重量要均匀，不要叠放，要保持其原来的形状；投泥操作时，必须使泥饼出口避免对准模具中心，这些都是影响质量的重要因素。

（五）日方认为我方工业卫生差，原料车间地面应呈斜坡，以便用水冲洗，防止铁质带进原料；进入车间，需二次换鞋才行。成型车间内不能用锉刀锉铁修坯刀，不能随处钉钉子。

（六）日方认为盘、碟类制品都是旋转对称的浅平制品，极易变形，因此在成型工艺中要采用阳模滚压成型，而中国采用阴模成型。另外，阳模成型对坯体均匀干燥十分有利，因为盘足较厚，可以充分接触热风，而盘边较薄，容易干燥均匀。盘子表面也可以避免滚压头旋转与起落而产生内应力。

（七）日方认为，用砂纸磨坯，对质量有很大影响，釉面光洁度不好，修坯后还要抹水，会使坯体出现气泡，釉面不光滑，费工费时降低质量，应该用泡沫塑料修坯。

（八）日本有规定，在车间内不乱钉钉子，如果要钉钉子除了事先报备，还要涂上防锈漆，因为二氧化硫气体对铁腐蚀很快。

（九）日方认为，中国瓷器釉面太薄，光泽度不够，釉面不平整，如果用石灰釉还好一些，如果滑石釉就更不行，流动性差，这是不经过素烧产生的最大问题。日本釉面一般要求 0.25 毫米，日方说道："世界上制造西餐具的国家很多，不素烧的几乎没有，只有中国是传统做法，如果要提高质量，我们认为一定要采用素烧工艺。根据我们的经验，釉面不平度要在 20 微米以下，光泽度才最好，估计中国产品釉面不平度有 160 微米，所以釉面不平整。我们在陶研所用放大镜看就发现有针孔、小气泡，故质量不高。"

（十）日方代表团成员针对为民瓷厂的情况说："按照你们现在的生产管理情况，我觉得你们有好的设备也做不出好的产品。"

（十一）日方代表团成员说："你们景德镇、唐山等的产品都用地名做商标，分不出是哪一家工厂的产品，应该建立各工厂的产品信誉。我们看到中国陶瓷行业非常大，很有发展前途，但需要解决许多问题。要想在国际上占有地位，必须要对产品负责，对别人的产品尊重。"[1]

通过当时日本陶器、新荣机工的专业技术人员对景德镇当时瓷业的评述，可以看出改革开放初期景德镇采用的还多为原始制瓷技术，而且在产品的细节处理上比较粗糙，所以整体一级品率不高。针对这些问题，景德镇市政府非常重视，分别在 1979 年 10 月和 1981 年 1 月两次安排专家前往日本濑户、高岛屋、土岐市先后考察了日本原料精制厂、现代化瓷厂、传统生产方式的瓷厂、美浓烧瓷区、科研所、学校、博物馆和商店。在考

---

[1]　江西省轻化工业局、江西省陶瓷工业公司接待组汇编《日本陶瓷器技术考察团来华技术座谈纪要》，1978 年版。

察的过程中,考察团发现在日本很多地方仍旧保留着小规模的手工柴窑作坊,产品有日用瓷和美术瓷。另外,在日本有很多规模较大、工艺先进、装备精良的现代化瓷厂,例如"Noritake",以生产高档成套出口瓷为主,这些现代化的瓷厂精工细作,对于每一个环节都有非常严格的把控,非常重视科研环节。例如在名古屋的三好瓷厂的实验室中,考察团看到实验室就像一个小工厂,做各种实验研究各种新材料、新产品,环节整洁有序,除了台面上,其他地方均看不到泥巴。除了对瓷器的各种高标准、严要求,日本国内陶瓷的销售方式也非常独特,高岛屋会定期利用其下各大商场举办展销,同时配合大力的新闻宣传,影响力度很

上海艺术品博物馆·高岛屋艺术空间"新岁芳华——迎春贺岁精品特选展"海报

大,而这一传统一直持续到现在,右图即为 2018 年 1 月 25 日,上海艺术品博物馆·高岛屋艺术空间"新岁芳华——迎春贺岁精品特选展"海报。

　　1979 年通过协调改善,景德镇瓷业有了较大的进步,比 1978 年产值增长 2.8%,利润增长 1.9%,1980 年又比 1979 年利润增长了 27.8%,在粉碎"四人帮"后的四年里,景德镇陶瓷恢复了大批出口,出口额共计 8300 多万美元,相当于过去 26 年总出口额的 86%。但是,即便在较好的光景情况下,我们与日本每年 2 亿多美元的出口额也无法比拟。国内其他产瓷区如湖南、河北、广东、山东也在迅速发展,1980 年对美 45 个高档餐

具国内出口地域中,湖南占到了30%,景德镇仅有4.13%;1980年秋季广交会,欧美澳总共订货1560万美元,其中湖南375万美元位列第一,景德镇只有108万美元,景德镇瓷一枝独秀的局面已经不再。

但把时间跨度拉得更长一些来看,在景德镇十大瓷厂倒闭之前,景德镇瓷业整体还是呈上升趋势,尽管期间出现了各种问题。虽然大数据看起来似乎正常,但是从出口额的细节来看,景德镇瓷业当时已经日薄西山。例如1982年日用瓷一级品率63.5%,出口合格率72.3%,出口额3104万美元,均超过以往数据。但到1990年,虽然出口量1.36亿件,比1978年增长了30%,比1949年增长了56.8倍,出口额却仅为2820万美元。其中的原因有很多,最主要的原因并不是景德镇制瓷质量本身的问题,而是当时有一部分企业和个人为了谋取利益,不顾瓷都声誉,用低质量的产品替代高质量的产品欺骗顾客,不仅使得原本高质量的产品卖不出价格,也使得景德镇制瓷风气由世界精品转向了粗制滥造。从今天产生的后果来看,此举无疑是杀鸡取卵,但是当时此风却屡禁不止,这也间接造成了20世纪90年代十大瓷厂一夜倒闭的恶果。

在此消彼长中,昔日我国制瓷中心景德镇在出口陶瓷份额中所占比例越来越少,20世纪90年代中期,景德镇陶瓷的发展陷入了前所未有的困境,出口市场日益萎缩,花色品种永远都是老样子,质量粗制滥造,导致十大瓷厂倒闭,瓷业工人纷纷下岗另谋出路,作为中国制瓷业中心的景德镇彻底成为历史,它也不再是中国瓷业发展的标杆。

第四节 "入世"之后的中国陶瓷业

在20世纪末,中国陶瓷生产版图还是"一镇三山",分别指景德镇、唐山、佛山、博山。2001年12月11日,中国加入了WTO,这对我国陶瓷行业来说可谓开辟了一个新的天地。有了稳定开放的国际贸易环境,国内各地出现了众多陶瓷产地,江西、广西、山东、河北、湖南、福建、浙江等近20个省形成了自己的陶瓷产业体系,甚至一些历史上从来没有生产过陶瓷的地区也开始出现陶瓷企业。其中建筑卫生陶瓷主要集中在河南、广东、河北、湖北、福建,日用陶瓷主要集中在江西、河北、山东、福建、湖南、江苏,一大批优秀的现代企业如广东佛陶集团、鹰牌集团,河北邯郸陶瓷,山东华光集团,江苏高淳、江西景德镇、河北唐山、山东临沂等陶瓷有限股份公司,江苏宜兴精陶总厂,河南焦作陶瓷总厂,石湾东亚瓷厂,唐山高档陶瓷联合发展有限公司,淄博赛德克陶瓷颜料有限公司,中釉集团大鸿制釉有限公司发展迅速。

在加入 WTO 的次年,中国陶瓷的出口金额和出口量都比之前有较大的增幅,以 2002 年 1—8 月为例,建筑卫生陶瓷出口总额约为 2.8 亿美元,同比增长 110%,其中建陶产品出口总量约为 7562.72 万平方米,同比增长超过 170%;卫生陶瓷出口总量约为 653.75 万件,同比增长 91%;日用陶瓷产品出口半年就达到了 35.38 亿件,出口金额达 7.12 亿美元,出口数量和金额分别比前一年同期增长了 11.16% 和 17.8%,产品出口到 180 多个国家和地区。[①] 从 2001 年到 2013 年,出口额都在持续增长,直到 2014 年开始出现负增长,但是即使在 2015 年、2016 年出口额持续下跌的情况下,2016 年中国各类陶瓷出口仍旧达到了 2125.7 万吨,出口额 165.06 亿美元,进口 12.8 万吨,总额 6.07 亿美元,有着近 160 亿美元的贸易顺差,中国陶瓷产品产量目前在全球排名第一,占到全球陶瓷产量的一半左右,日用和工艺陶瓷国际市场占有率高达 60%。从这些数据来看,"入世"之后中国陶瓷业有了卓越的进步,但同时随着外界环境的不断改变,也遇到了一些瓶颈与困难。

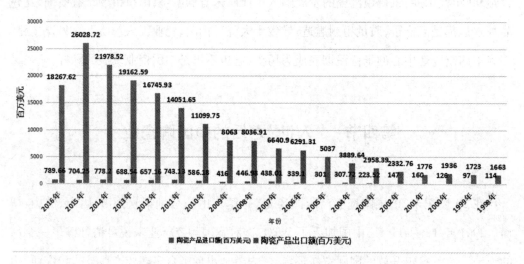

中国陶瓷进出口数据对比图

①   黄弘《加入 WTO 后中国陶瓷业现状及发展对策》,《中国陶瓷》第 39 卷第 4 期。

（1）缺乏高附加值的产品

加入WTO后，随着关税的降低，我国陶瓷市场也逐渐成为国际市场的一部分，越来越多的外国陶瓷企业到中国投资建厂，利用他们资金丰富、技术先进、管理成熟以及品牌优势先声夺人，抢占了中国高端陶瓷市场，对国内产瓷区形成了巨大的冲击，出现了我国陶瓷低价卖出，外国陶瓷高价输入的局面（见下图表）。

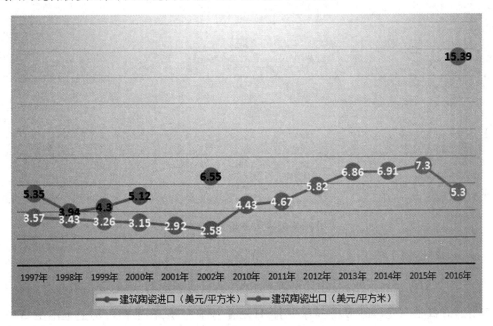

中国建筑陶瓷进出口单价对比

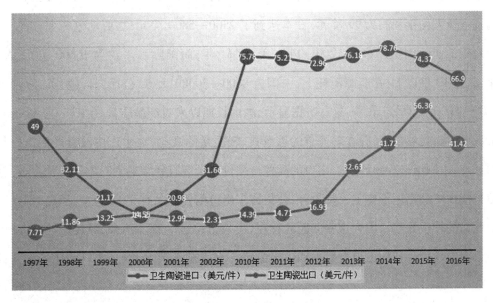

中国卫生陶瓷进出口单价对比

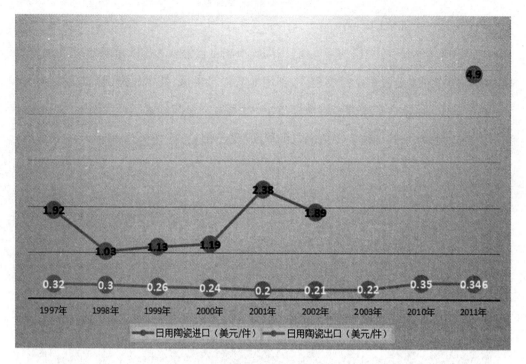

中国日用陶瓷进出口单价对比

（图表数据来源于网络）

从图表数据可以发现，日用瓷差价率最高，从目前掌握的数据来看，最高时相差 14 倍，并且在高档陶瓷产品市场占有率上，日用瓷基本为零，在中档市场上也不足 20%，但是中国日用瓷的市场整体占有率在 2014 年就达到了 62%。在人均创利方面，中国陶瓷行业人均年利润为 99 美元，日本达到了 2500—5800 美元；在劳动生产率方面，中国陶瓷工业劳动生产率为 1200—1400 美元/人/年，而国际水平约为 16600 美元/人/年，相差 10 倍以上；在能源消耗上，中国为 8000—20000 大卡/公斤，日、德、英、意则为 3000—8000 大卡/公斤。[①] 这些数据显示，国内长期以来对产品质量、生产工艺、设备升级没有引起足够重视，存在着严重的重数量、轻质量的观念，在生产中没有严格执行各项标准，粗制滥造现象严重。出口的陶瓷产品价格低廉且经常遇到对方的各种刁难，企业只能在产品出厂价格上一降再降，使得许多出口陶瓷产品有变形、色差、黑点、不光滑等明显的外观缺陷。因为这些问题的存在，出口价格也一直上不来，导致恶性循环，也使得我国日用陶瓷的出口合格率和一级品率一直徘徊不前，一级品率目前还达不到日

①　郭建晖《加入 WTO 对中国陶瓷经济发展的影响和对策》，《江西社会科学》2003 年第 10 期。

本 20 世纪 80 年代的 90% 的标准。近几年,随着中国陶瓷出口的国家越来越多,许多国家相继对我国发起了反倾销,在这种情况下,我国陶瓷产品出口价格在国际市场上优势日渐微弱,出口难度加大,而马来西亚、泰国、印尼、越南等国家人工、地皮价格比中国更加低廉,以往的低价战略已经难以奏效,企业运营越来越艰难,经济效益差,也就更无力投资大笔金额在工艺与设备升级上。目前在陶瓷成型技术上,我国很多企业仍然采用阴模成型,而为了节约成本,在干燥技术上有相当一部分企业采用热风干燥,花纸的重金属容量仅相当于 20 世纪 80 年代的国际水平,在生产设备上更是远低于世界先进水平。如果中国瓷业不能正视低附加值的短板,出口市场有可能会更加萎靡,国内陶瓷行业势必出现大量库存,企业运营会更加艰难。

（2）贸易壁垒

中国早已是世界上最大的陶瓷生产国之一,陶瓷产量也已经连续 9 年在世界各国中居于榜首。但是这一榜首的位置却维持得十分艰辛,我国加入 WTO 前后,陶瓷行业面临的贸易壁垒经历了从关税壁垒及其许可证到价格反倾销、出口配额限制,再到技术性贸易壁垒的过程①,这些贸易壁垒严重制约了我国陶瓷行业出口创汇能力乃至生存与发展的最大障碍。中国陶瓷从 2001 年加入 WTO 后呈持续上升状态,2008 年因世界金融危机一度停滞不前,随后持续上升至 2015 年达到历史最高点 26028.72 百万美元,2016 年急转直下,2017 年因海关数据尚未公布故不明,但是据网络统计也仅仅是稍好于 2016 年,远低于 2015 年的出口高值。这一情况的产生除了一些客观因素例如战乱、灾难、世界整体经济下滑,最为突出的原因之一就是贸易壁垒。

①技术性贸易壁垒

技术性贸易壁垒,主要是指一个国家或一个区域组织,为了维护这个国家或区域组织的基本人身安全,保障人类和动植物安全与健康,保护自然资源和环境,禁止一系列欺诈行为,保证各类产品质量等采取的一系列检测措施。由于其技术标准极为复杂,而且各个国家之间差异较大,因此一些处于发展中国家水平的出口国往往难以应付和适应。技术型贸易壁垒的提出者主要是一些发达国家。

我国陶瓷行业面临的技术性贸易壁垒主要来自以下几个方面。首先,涉及人身安

---

①　王力《中国陶瓷业面临技术壁垒》,《佛山陶瓷》2003 年第 2 期。

全和健康方面的技术标准越来越高。例如欧盟委员会发布的第 2005/31/EC 号令对于《关于与食品接触的瓷器制品的性能标准与合格声明》修订中指出，从 2006 年 5 月 20 日起，允许符合该指令的瓷器制品使用和进行贸易；从 2007 年 5 月 20 日起，不符合该指令要求的瓷器制品将禁止生产和进口。新指令增补了在欧盟内生产和销售的可能与食品接触的瓷器制品必须附有生产商和销售商提供的书面声明。声明的内容包括：瓷器最终制品生产厂家和欧盟进口商的身份和地址、瓷器制品的特性、声明的日期、声明瓷器制品符合本指令和欧委会 1935/2004 号法规的相关要求。经分析检测，铅和镉溶出量符合要求的瓷器制品应标示分析结果、检测条件、实施检测的实验室的名称和地址。新指令对一起分析方法检出的铅和镉限量标准由原来的 4.0mg/L 和 0.3mg/L 分别修订为 0.2mg/L 和 0.02mg/L[①]，而中国的国家标准 GB14147 - 93 中规定，任一制品与实物接触面的陶瓷制品铅、镉溶出允许极限值为 Pb 小于等于 1.0mg/L，Cd 小于等于 0.1mg/L。其次，检验检疫要求越来越严，例如自 2003 年开始，美国对进口日用陶瓷一改过去先提货、后查验检验证书的惯例，要求日用陶瓷必须先验完证书后方可提货。这就要求我国出入境检验检疫工作方式采用"前置检疫"新模式，对相关产品提前检疫，无形间延长了交货时间，增加了陶瓷企业的经济负担。再次，"绿色壁垒"的提出对我国陶瓷出口构成了严重威胁，例如 2006 年 7 月 1 日，欧盟实施 ROHS 指令对于电子电气类产品的六大类有害物质含量标准做出了严格限制。

总之，技术性贸易壁垒具有合理性、灵活多变性、隐蔽性、复杂性、可操作性强、针对性强和扩大化等几个特点，最终目的都是提高技术要求，增加进口难度，从而达到贸易保护。[②] 这种突如其来的对外销陶瓷标准的改变，使得许多中国陶瓷的外销厂家措手不及，由于陶瓷制品在国际上各个地区的标准均未形成统一要求，因此我国的陶瓷生产销售方式越来越不适应各国不同的需求，这也成为我国陶瓷制品进入发达国家市场的最大阻碍。

②反倾销反补贴

反倾销（Anti - Dumping）是指对外国商品在本国市场上的倾销所采取的抵制措施，

---

① 戴娇《我国陶瓷产品出口应对贸易壁垒策略探析》，《湖南商学院学报》2015 年第 4 期。

② 苏方宁《我国陶瓷行业面临的技术性贸易壁垒及对策》，《世界标准化与质量管理》2006 年第 12 期。

一般是对倾销的外国商品除征收一般进口税,再增收附加税,使其不能廉价出售,此种附加税称为"反倾销税"。① 反补贴是指一国政府或国际社会为了保护本国经济健康发展,维护公平竞争的秩序,或者为了国际贸易的自由发展,针对补贴行为所采取的必要的限制性措施,包括临时措施、承诺征收反补贴税。反补贴税亦称"反津贴税""抵销关税",是对接受出口补贴或津贴的外国商品在进口环节征收的一种进口附加税,是差别关税的一种形式,所征税额一般与该商品所接受的补贴额相等。反补贴税始创于英国19世纪末,当时英国曾对接受出口补贴的欧洲砂糖征收此税,随后一些国家相继效仿,目的在于抵消进口商品享受的补贴金额,削弱其竞争能力,防止廉价倾销,以保护本国生产和国内市场。进口商品在生产、制造、加工及出口过程中所接受的直接、间接补贴和优惠,都可以构成进口国对其征收反补贴税的理由。②

由于我国陶瓷产品有较强的价格竞争优势,随着经济的发展,出口增长较快而且出口市场过于集中,因此我国出口产品与进口国冲突加剧。同时,由于一些企业对国际市场缺乏必要了解,信息不畅,再加上一些国家的贸易歧视等方面的原因,从而导致一些国家滥用反倾销反补贴措施。自2001年印度首先对中国陶瓷产品进行反倾销立案调查以来,目前,全球包括印度、菲律宾、韩国、巴基斯坦、泰国、秘鲁、阿根廷、巴西、哥伦比亚、墨西哥、突尼斯以及欧盟等近40个国家和地区对中国实施"反倾销"。墨西哥经济部在2014年1月13日正式公布了对我国日用陶瓷进行反倾销的最终裁决,以后对陶瓷餐具实行征收反倾销税,并于2014年1月14日正式生效;巴西外贸总局于2014年1月17日正式宣布,对中国出口的陶瓷餐具正式实行反倾销,对陶瓷餐具正式征收每千克1.8—5.1美元的反倾销税,期限为5年;埃及工业部和外贸部于2013年2月24日同时发布公告,我国陶瓷出口企业将会被延长征收反倾销税和反补贴税至2018年2月24日。2017年,欧盟、印度、阿根廷、巴基斯坦也再次发布对我国的反倾销裁决或调查:2017年2月,巴基斯坦国家关税委员会决定对自中国进口的墙砖和地砖征收5.21%—59.18%的临时反倾销税,为期4个月;2017年5月,阿根廷生产部发布第396 – E/2017号决议称,决定对原产于中国的陶瓷洁具启动反倾销调查;2017年6月,印度决定对中国涉案产品征收为期5年的反倾销税,税率为0—1.87美元/平方米,不包括通体砖、微

①　苑涛《反倾销的经济影响:对中国的分析》,人民出版社2009年版。
②　何盛明《财经大辞典》,中国财政经济出版社1990年版。

晶石和薄板瓷砖,其中 6 家陶瓷企业获得单独税率,24 家获得 0.79 美元/平方米的平均税率,其余所有中国陶瓷企业获得 1.87 美元/平方米的统一税率;自 2017 年 1 月 22 日起,所有由中国地区(不包括中国华南地区)出口到印度的运费预付货物将被征收 4.5% 的服务税;墨西哥出台价格承诺政策,陶瓷产品出口到墨西哥当地,必须保持不低于 FOB6.72 美元/平方米或 CIF8.4 美元/平方米的价格,否则需要征收额外的高税额。

第五节　小　结

纵观中国陶瓷业发展历史,自唐代以来,中国的瓷器就源源不断地远销海外,凭借当时最高超的制瓷技术和最好的生产原料,中国瓷器受到了全世界人民的喜爱。直到鸦片战争前,中国一直在世界陶瓷贸易中占据主导地位。略过战乱年代不提,虽然通过几十年的努力,现代中国陶瓷业在世界占领了半壁江山,但与从前的被外国人争相追逐、收藏相比,它并未能延续历史的辉煌。

第八章 "一带一路"倡议与中日陶瓷贸易

第一节 中日陶瓷贸易现状

中日两国作为世界上典型的发展中国家与发达国家,两国间的经济交往对双方都非常重要。贸易作为经济往来的重要部分,在两国经济发展中起着重要的作用。在古代中日贸易中,日本大批进口中国的丝绸、瓷器、茶叶,在 21 世纪的今天两国贸易的商品结构已经发生了巨大的变化。

单位:1000美元

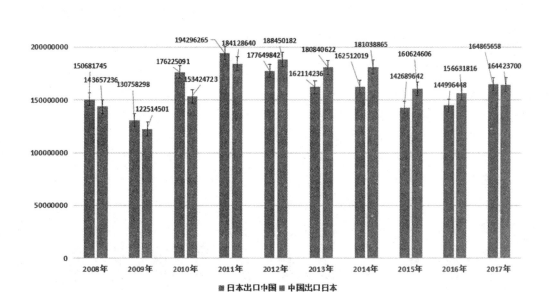

2008—2017 年中日双边贸易数据对比一览表

自 1972 年中日邦交正常化以来,中日两国经贸往来改变了长期在低水平徘徊的状态,双边贸易进入快速发展时期。1999 年,双边贸易额达到了 662 亿美元,2006 年日本与中国内地的贸易总额已经超过美国,达到2132.8亿美元。中国海关与日本财务省贸易数据显示,2017年中日贸易总额为3292亿8936万美元,同比增长9.2%,中国从日本进口额为1648亿6566万美元,同比增长13.7%,日本从中国进口额为1644亿2370万美元,同比增长5.0%。

2017年在日本的贸易额中,中国占比如下:出口19%,进口24.5%,因而,中国在日本的贸易总额中占比21.7%。在日本的对外贸易中,中国贸易总额和进口额(含中国香港)继续稳居首位,对中国的贸易总额自2007年起连续11年位居首位,对中国进口额自2002年起连续16年位居首位。

2017年,中国从日本进口的主要商品为机械类、车辆类、电器设备、精密仪器等,日本从中国进口的主要商品为电气设备、机械类、玩具、游戏品、运动品、服装及衣着配件。从中不难发现,加入WTO后,中日两国都很少进口对方国家的瓷器产品,个中原因有如下几个方面:

(1)目前来看,在卫生、建筑陶瓷等高精尖技术领域,日本领先于我国。佛山陶瓷网的相关资讯分析,日本对于中国的卫生、建筑陶瓷领域是有进口的,但是数量占比很少,例如2017年、2018年佛山陶博会国际买家统计中,日本均在前十名以外(具体见下图),因为数量较少所以官方并未进行针对性统计。

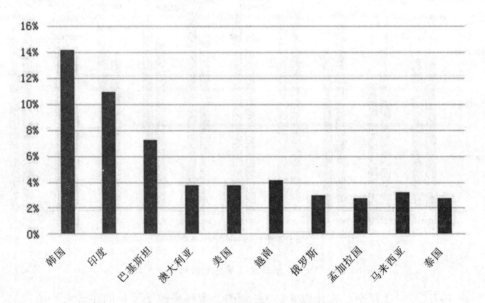

2017年佛山陶博会国际买家排名

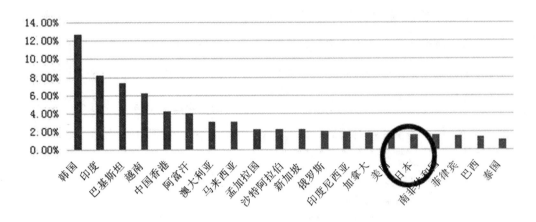

2018 年佛山陶博会境外买家来源国家和地区（前 20 名）

（2）在日用瓷领域，因为日本本土品牌众多，相关从业企业、个人遍布日本各大县，且日本日用瓷销售渠道多为大型商场、专营店，并不太适合销售低附加值的商品，再加上中日两国在日用瓷行业标准上区别较大，所以中国日用瓷虽然价廉但是很难进入日本市场。

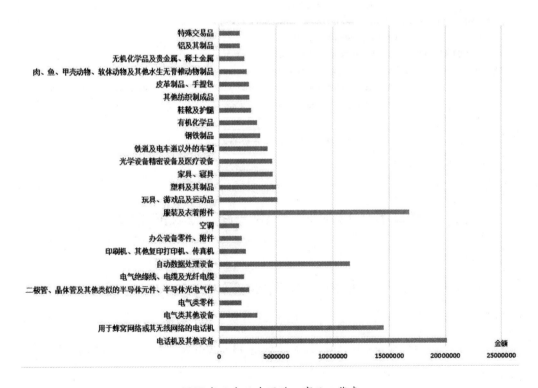

2017 年日本从中国进口商品一览表

(3)在艺术瓷领域则更为稀少。首先,根据前文所述,日本国内以陶艺谋生的人员非常多,他们所设计生产的作品更加符合当地人的审美习惯,外瓷很难进入日本市场;其次,在中国国内艺术瓷领域相关从业人员多集中于江西景德镇,地理位置不便导致运费昂贵、破损率高,艺术瓷价格体系混乱缺乏明确标识、各艺术名家也没有联合起来统一规划宣传,使得艺术瓷鲜有流通到日本,自然也就谈不上大批量的外销。

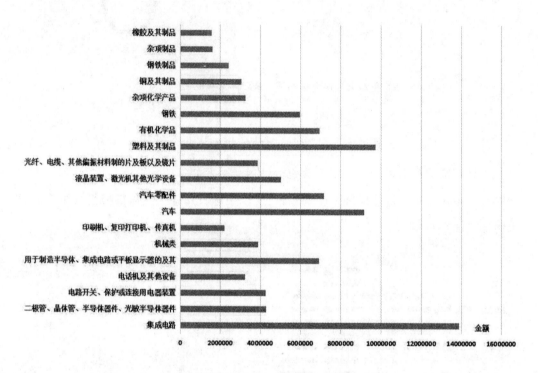

2017 年中国从日本进口商品一览表

第二节　日本对"一带一路"倡议的态度

2013 年 10 月,中共中央总书记习近平在出访东南亚和中亚国家时,提出建设"21世纪海上丝绸之路"的重要倡议,与 2013 年 9 月提出的"丝绸之路经济带"并称"一带一路"倡议构想,沿线涉及 64 个国家,人口总量 44 亿,占全球 63%,经济总量 21 万亿,占全球 29%。

构想提出时,许多国家积极参与,而有一些国家则持观望怀疑的态度,比如美国、日本,但是随着"一带一路"项目的启动推进,日本的态度也在逐渐发生变化。2018年6月,中国社会科学院日本研究所副研究员卢昊先生在人民网发表的《日本对"一带一路"倡议从消极观望到积极参与》中将日本的态度归纳成了五个阶段(本节以下内容均引自该文)。

(1)忽略与轻视期(2013年下半年到2014年上半年)①

这一时期,中日关系严重对立,同时,"一带一路"刚刚提出,日本对于中方倡议的关注极为有限,日本政府并未做公开评论。日本政府的内部评估是:一方面这一倡议究竟是中国新的对外政策口号还是具体的外交构想"并不明确";另一方面即使中国有意落实这一倡议,对日本也没有直接影响。日方认为,中国领导人提出"一带一路"倡议,更多是为了拉近与东南亚和中亚国家关系,不太可能全面落实这一"宏大构想",没有必要对其专门研究。

随着时间推移,一向对外部形势敏感的日本政府意识到中方开始有所动作。2014年5月初的亚洲开发银行(简称"亚开行")年会上,在日本主导下,会议搁置了将导致中国在亚开行表决权扩大的增资动议。亚开行行长中尾武彦对外声称,会上中国提出了设立"有别于亚开行的亚洲基础设施投资银行的设想",扩大影响力的意图明显。但日方认为,中国计划建立的银行出资来源不足,新兴国家对亚投行存在质疑,"如果评级很低,筹措资金的成本会很高"。这也反映出当时日本并不看好"一带一路"前景。

(2)关注与消极抗拒期(2014年下半年到2015年上半年)②

这一时期,中日关系"触底反弹",同时,中国积极建设"一带一路"并开始取得实质进展,特别是亚投行的筹建与成立,促使日本开始关注"一带一路"。而围绕是否加入亚投行这一现实问题,日本政府经过紧急磋商,最终放弃加入,反映出日本对于"一带一路"消极、警惕的态度。

2014年10月下旬,中国等21国在北京签署"亚投行筹建备忘录"。2014年年底到2015年年初,日本政府开始通过一些渠道调查中方计划,包括接触预定出任亚投行行长的中方高官。但是,负责调查的日本外务省、财务省官员对亚投行持抵触态度,直接影响了首相官邸的决策,导致日方并未积极回应中方的诚意邀请,错失了合作机会。进

① 卢昊《日本对"一带一路"倡议从消极观望到积极参与》,人民网,2018.6。
② 卢昊《日本对"一带一路"倡议从消极观望到积极参与》,人民网,2018.6。

入 2015 年，亚投行意向成员国阵营扩大，特别是英法德意等欧洲国家的加入，让误判形势的日本陷入"外交被动"，不仅在野党批评安倍，执政党内部的不同声音也公开化。

日本执政党及政府内部经紧急商议，确定了暂不参与亚投行，同时"不否定将来合作可能"的立场。日本对"一带一路"态度仍相对消极，采取"骑墙立场"，怀疑中方意图，拒绝合作提议成为政策方向与舆论的主流。尽管日本政府和执政党内部也有"不要错过参与机会"的意见，但是"对中国计划的不信任"最终主导了政策讨论。2015 年 3 月 31 日，即亚投行创始国申请截止日，日本副首相兼财务大臣麻生太郎表示，日本对加入亚投行"极其慎重"，这实际上放弃了成为亚投行创始成员国的机会。2015 年 4 月 22 日，安倍在雅加达亚非领导人会议上见到习近平主席时表示，日方认识到亚洲对基建投资需求巨大，"愿基于这一认识同中方探讨亚投行问题"。但安倍此后在访美时又对奥巴马重申，在亚投行问题上"日美同进退"。2015 年 6 月 29 日，亚投行 57 个创始成员国在北京签署《亚投行协定》，日本最终也没有参加。但是，受到以上形势的刺激，日本国内关于"一带一路"的议论迅速升温，媒体报道显著增多。"一带一路"和亚投行获得"超出日本预想的外部支持"这一事实，不仅迫使日本政府加强了关注，也促使日本民间特别是经济界对中方倡议产生了兴趣。

（3）局外观望与对策布局期（2015 年下半年至 2017 年春）①

在"是否加入亚投行"的争议暂时平息后，日本政府不再就"一带一路"频繁对外表态，而是以"局外观望"的姿态，一方面持续关注中方动向，另一方面有针对性地加强竞争措施。日本政府趋向于认为，由于中国推进"一带一路"的强烈意志及财力优势，日本所面临的竞争压力将增大。特别是 2015 年下半年在印尼雅万高铁项目竞标中输给中国，激发了日本的危机感与竞争心理。为此，日本在基建项目出口、地区贸易机制构建等方面发力，与中国在"一带一路"沿线国家展开竞争。日本国内有观点认为，这一阶段是日本重点观察"一带一路"运行并加速应对策略布局的时期。

同时，基于"不否定将来合作可能"的立场，日本政府尝试与中方继续接触，并以支持亚开行与亚投行开展融资合作作为为日本保留"一带一路"参与余地的主要途径。2015 年 6 月，中日财长对话时隔三年零两个月重启，会议通过的共同文件称，中日在推

---

① 卢昊《日本对"一带一路"倡议从消极观望到积极参与》，人民网，2018.6。

进亚投行与亚开行融资合作上达成一致。2016 年 5 月的亚开行年会上,亚开行与亚投行签署备忘录,启动合作融资进程,约定定期举行成员国之间的高级别磋商。在关注"一带一路"的舆论风向下,日本官方及民间机构发表了一系列政策报告,重点关注中国政府推动基建项目出口、支持中国企业投资周边各国的进展。日本经济界人士借访华之机也开始探询"一带一路"的进展及日中可能合作的空间。不过,基于日本政府"不鼓励(与中方)合作"的态度,加上对中方计划的各种疑虑,绝大多数日本企业此时对参与"一带一路"仍持观望态度。

(4)积极参与期(2017 年春至 2017 年冬)①

这一时期与中日关系趋向改善、官方和民间交流恢复同步,日本政府对"一带一路"的态度转向积极,体现为一方面前所未有地正面评价"一带一路",另一方面明确表示在"一带一路"框架中与中方合作的意愿。

2017 年 4 月 25 日,日本政府宣布自民党干事长二阶俊博将作为首相特使访华,于 5 月中旬参加"一带一路"国际合作高峰论坛,并最终成行。5 月 2 日,日本央行行长、前亚开行行长黑田东彦在亚开行研讨会上称,亚投行有利于亚洲基建事业和经济增长。6 月 5 日,安倍在东京的"亚洲未来会议"演讲时高度评价"一带一路",称这一倡议"具有把东洋、西洋以及在其中的多个地区联系在一起的潜力",表示"愿意(条件成熟时)进行合作"。7 月,在汉堡二十国集团(G20)峰会期间,中日首脑会面,安倍又评价"一带一路"是"有潜力的构想",首次当面向中国领导人表达合作意愿。8 月初,日本自民、公明两党与中方在东京举行"中日执政党交流机制第六次会议",安倍会见出席会议的中联部部长宋涛。会后通过的《中日执政党交流机制第六次会议共同倡议》中称,中日执政党将就"一带一路"讨论具体合作方式。

在日本政府明示合作意愿的情况下,日本民间开始探讨合作可能。日本经济团体联合会、商工会议所、经济同友会等经济团体公开支持日本企业参与"一带一路"。2017 年 6 月 21 日,由在华投资的日本企业组成的"日本中国商会"宣布设立"一带一路联络协议会",以共享"一带一路"相关商业信息,推动日本企业参加中方计划。日立制造所、三菱、住友等日企对参与"一带一路"表现出积极态度。一些日本物流企业对中

---

① 卢昊《日本对"一带一路"倡议从消极观望到积极参与》,人民网,2018.6。

国在中亚地区支援当地基础设施建设给予高度评价，计划开展合作。

（5）进一步探讨合作期（2017年冬至今）①

这一时期，日本政府继续释放合作信号。2017年11月14日，中日首脑在越南岘港APEC峰会会面。安倍再次表示，将积极探讨在"一带一路"框架内合作。12月4日至12月5日，中日企业家参加的"中日CEO峰会"在东京举行，安倍出席会议并发表演讲，经济产业大臣世耕弘成参加了研讨。会议发表联合声明，提议日中在"一带一路"框架内就亚洲基础设施开发进行更紧密的合作。12月下旬，自民党干事长二阶俊博与公明党干事长井上义久访华并参加"中日执政党交流机制第七次会议"，二阶在北京发表演讲称，应以"一带一路"构想为背景，推动日中企业携手在沿线国家开展商业活动，并提议尽快召开部长级的"日中高层经济对话"。各种迹象显示，日本政府和执政党高层在与中国合作推进"一带一路"建设方面已经统一了"口径"。

同时，日本做出与中方在"一带一路"框架中具体探讨合作方式的姿态。日本内阁官房牵头外务省、财务省和经济产业省制定了日本参与"一带一路"的具体方案，包括重点合作领域与可能合作项目。2017年12月底在中国福建举行的"中日执政党交流机制第七次会议"汇总了中日双方的合作设想，参会的二阶和井上回国后专门向安倍进行了汇报。《读卖新闻》援引外务省官员说法称，日本政府准备邀请中国参与日本实施的"非洲开发事业"，这是日本首次提议日中合作参与援建非洲。中日民间的合作更加活跃。2017年11月下旬，"史上最大规模"的日中经济协会访华团访华，对"一带一路"框架内开展产业、金融与科技合作表现出浓厚兴趣。中国领导人对中日合作的积极态度，让日本经济界人士深受鼓舞。通过与中方的交流，日本经济界的合作设想更趋具体化。一些能源、交通和物流企业，率先宣布了自己的初步投资计划。2017年11月底，由数十名日本学者发起的"一带一路"日本研究中心在东京成立。2018年1月，日本冲绳县经济团体"琉球经济战略研究会"与中国企业联合体举办"一带一路冲绳论坛"，签署了合作备忘录。这些动向反映出，目前日本经济界已切实地开始在"一带一路"合作框架中寻找商机。

---

① 卢昊《日本对"一带一路"倡议从消极观望到积极参与》，人民网，2018.6。

第三节　"一带一路"倡议与中日陶瓷贸易

从当下中日两国贸易来看,2017年,中国是处于贸易逆差的状态,日本从我国进口的多数为低附加值的劳动密集型产业的物品,而且随着中国劳动力成本的上升、原料成本上涨、环境管制趋严等问题,日本已经开始从东南亚其他国家进口这类物品。这对于中国来说既是肯定又是挑战,它一方面说明我国开始注意环保、人民的生活物质水平有所提升,而另一方面对于外贸行业来说,国际竞争更加激烈,特别是那些还没有掌握世界领先技术的国内行业,更是面临着一次前所未有的巨大考验。

根据海关数据统计,近几年来中国最大的出口对象依次是美国、欧盟、东盟、日本,从目前掌握的数据来看,进口中国陶瓷较多的是美国、欧盟、东盟,但是情况发展并不乐观,2016年美国总共进口陶瓷57.64亿美元,同比下降1.82%,其中进口中国陶瓷22.22亿美元,占比35.56%,同比下降6.58%;从墨西哥进口10.57亿美元,同比下降3.64%;从意大利进口6.84亿美元,同比增长6.89%,从日本进口3.31亿美元,同比下降1.45%;从西班牙进口2.3亿美元,同比增长24.89%。在这组数据中,中国虽然仍旧是美国最大的陶瓷进口国,但是显而易见的是,2016年美国减少了从中国进口陶瓷的份额。此外,欧盟、东盟近几年不断加大对中国陶瓷的贸易壁垒,增加中国陶瓷制品的准入门槛;日本则很少进口中国的陶瓷。面对这样严峻的现状,中国陶瓷业应充分利用"一带一路"倡议政策和路径,制定相应的决策方针、创新思路,才能解决眼前的危机,谋求新的发展。

历史上,日本是中国古代"丝绸之路"的主要贸易对象,从唐朝到清朝,日本都是中国陶瓷的主要进口国之一,中日两国陶瓷文化交流非常密切,如果能再次建立长期、大量的陶瓷贸易关系,对于中国陶瓷海上丝绸之路的发展有着非常积极的文化交流作用。从经济角度来看,日本是亚洲仅有的几个发达国家之一,国内消费力较强,日本人也非常喜爱陶瓷,市场较大,具备产生经济效益的前提,再加上日本对于中国"一带一路"倡议态度的转变,此时以日本作为扩大中国陶瓷对外贸易的合作对象是恰逢其时的。

（1）借力"一带一路"走出贸易壁垒

自从 2001 年加入世界贸易组织以来,中国的对外贸易就处于快速发展阶段,现在已经是当之无愧的世界第一出口大国。然而在全球金融危机爆发后,国际市场需求萎缩,各个国家的众多企业在争夺国内市场份额时还要抢夺"僧多粥少"的国际市场,因此许多国家为了扶持和保护本国产业,出台了多种贸易措施,前文已经对此有过具体分析。

"一带一路"倡议沿线国家遍布东南亚、南亚、波斯湾以及红海和印度洋沿岸,中国陶瓷外销有了更为广阔的出口平台,从近期来看可以很好地缓解贸易壁垒中的反倾销反补贴,从长远上来说厂家有了更为广阔的市场,经济利益上升,就可以投入更多的财力升级技术,从而摆脱中国陶瓷低价出口的尴尬局面。日本国内人口老龄化严重,生产力不足,且国土资源有限,但是日本陶瓷业在质量管理、商品营销、产业技术上均处于世界领先水平。如果中日两国可以携手合作,中国可以利用日本在陶瓷上的先进技术和设备优势对陶瓷产业进行升级,从而解决中国目前所面临的技术壁垒问题,而日本可以利用中国丰富的人力资源、完善的基础设施例如成熟的运输环节、产业的集群效应、相对完善的生产资源基础,相信在"一带一路"的广阔框架下,中日两国的陶瓷行业都将迎来双赢的契机。

（2）借力"一带一路"加大宣传推广

日本之所以能在陶瓷领域迅速崛起,是因为宣传推广十分到位,从近代积极参加万国博览会,到现代利用各种方式不断营造日本陶瓷文化氛围,这一点日本陶瓷业一直不遗余力。距离巴黎埃菲尔铁塔不远,法国的日本文化中心就坐落于此,该中心的一层全部用于推介、销售日本瓷器。日本日用瓷和艺术瓷还受到了欧洲政府高官的青睐,在欧洲皇室婚礼上,日本瓷是日本政府礼品单上的必备,甚至在距离日本一万多公里外的西班牙国立陶瓷博物馆都常有日本陶艺作品展。而中国在这一方面宣传推广力度就比较薄弱了,在西班牙的国立陶瓷博物馆里只有中国明清时期的瓷器,中国现代瓷器一件都没有。中国现代瓷器整体水平并不居于世界领先地位,但是在艺术领域,中国陶瓷绝不逊色于任何一个国家,但是目前来看国内的顶级陶瓷艺术作品在国际上并未得到同等的待遇,这与宣传推广不到位是有很大关系的。

"一带一路"的精神和原则是要求中国企业不仅要"走出去",而且要"引进来",这对于陶瓷文化也同样适用。中日两国陶瓷文化同出一源,有很多相似的地方,又各有风格,如果可以集双方所长共同策划建设海外市场的陶瓷文化交流项目,搭乘"一带一路"的建设东风,沿路开展各种文化交流项目,有助于拓宽双方的海外市场,拉动陶瓷外销贸易。

(3)借力"一带一路"发展服务贸易

中日两国在服务贸易中都存在逆差、行业发展不平衡等相似问题,但是中国和日本的失衡是截然相反的,中国选择了先发展劳动密集型行业后逐渐发展其他服务业;而日本的选择则是先发展金融、技术行业,服务贸易主要集中在知识密集型行业。表现在陶瓷行业上,日本国内陶艺培训、体验、游学发展要比中国成熟、完善,但是中国国内产瓷区历史悠久,有许多鲜活的文化遗产,目前国内这一块还处于起步阶段,潜力非常巨大,如果中日两国可以在陶瓷服务贸易上进行合作,对于两国而言都有巨大的消费市场。

"一带一路"倡议中,中国对外交通运输能力将会得到极大改善,将来会有越来越多的人因为各种需求抵达中国,陶瓷是中国几千年来在世界的重要象征,如果能将陶瓷服务贸易发展起来,不仅可以促进旅游经济,更重要的是能让更多的人了解中国的文化,从而认同、传播中国的文化。

后　记

中日古代陶瓷贸易,如同中国古代经济发展的一个缩影。相较于王朝兴衰、政权更替等影响广泛的大事件,看似微不足道的中日陶瓷贸易,也蕴藏着中日社会发展此消彼长的基因密码,它清晰地指出技术创新、制度革新、开放包容是文明进步的不竭动力。

(1)开放外向的社会政策是经济发展的根本保障

中日之间的陶瓷贸易跌宕起伏、兴衰交替,与相关国家的贸易制度、对外开放姿态高度相关。我国汉唐的对外开放进取姿态,使得陶瓷贸易蓬勃发展,而明朝开始的保守防御姿态,则给民间海外贸易造成了巨大政策阻力。

唐代大力经营西域四镇、开拓沿海海路,畅通对外贸易走廊,宋代颁布《元丰广州市舶条法》,规范、建构对外贸易市场秩序,这些举措均为上层建筑对经济基础变化发展做出的一种调整与适应,不断为贸易发展减少障碍,厘清秩序。这一时期的对外贸易则相应地因为各项条件逐步成熟,一步步走向辉煌。同时,贸易的蓬勃发展又反作用于国内生产体系,进一步密切供需双方的交流沟通,为产品的进一步完善与发展提供了市场导向。

反观明清时期,贸易局限在数量极为有限的关口,市场中的货物流通受到政策上人为的阻力而无法畅行。设立此类阻碍政策的原因,在于增强管控能力,但过度实施,如"片板不能下海"的海禁政策,极大地限制了沿海贸易。海外贸易的高收益,诱使一部分较有实力的贸易商走向黑市贸易,这也是倭乱泛滥的重要原因。沿海数个大型海贼集团,均为中国走私商人控制下的亦商亦盗的海上走私集团。同时期,北方蒙古鞑靼进犯,也存在贸易管控影响生存等因素。我们可以推断,随着管控的深入,海外贸易的难度在不断提高,进而抬高了流通成本、进出口价格,遏制了进出口贸易,为我国商品经济发展埋下隐患。

(2)兼容并包的文化氛围是社会进步的首要条件

文化对于社会发展具有毋庸置疑的重要性,如同马克斯·韦伯在《新教伦理与资本主义精神》中所揭示的,一个民族的精神文化气质与该民族的社会进程有着直接的关系,文化与经济的逐渐交融,形成一个强大的力量,推动人类文明的进步和社会的发展。在中日贸易之间,这种交融与推动作用尤为突出。

这种推动,并非传统意义上的文明单向输出。在中国文化向日本传输方面,由于日本对于唐朝的坚定学习姿态,因此他们的学习并未停留在清末"师夷长技以制夷""中学为体西学为用"的层面,学习内容涵盖了技术、制度乃至文化、生活领域,使日本经济社会取得脱胎换骨的蜕变。陶瓷与茶叶、丝绸一起,在文化传播过程中扮演着天然媒介作用。反向来看,由于人类的整个生产系统就是一个充满了文化意图的领域,中日的文化交往也推动着中国生产领域发生着相应的变化。这表现在外销瓷的构成及款式上:既有中国传统审美的陶瓷产品,也有结合异域风格,特别是具有进口国文化特色的外销产品。这体现了很长一段时期,中国的生产领域对外界文化刺激秉承着兼容并包的姿态,能够吸取各方有利因素,全力推动产品创新。

(3)创新求变的技术追求是引领时代的永恒动力

贸易的本质是互通有无,贸易的盈利取决于商品的稀缺性。作为商品的陶瓷,也具有工艺品、科技品的多重身份。中国陶瓷在长达数十个世纪的时间长河中,始终保持着对外界市场的垄断地位与强烈吸引力,究其原因在于技术方面的领先与不断创新。中国陶瓷的发展均以新技术作为支撑点,从陶器到瓷器,从青、白瓷到各色釉瓷器,从简单的釉下青花到堪比水墨画的青花分水等,无不体现着技术与创新在陶瓷生产中的重要性。

科技特权带来超额利润,随着资本主义时代的到来,科技也一改往日缓慢发展的步伐,正如马克思所说:"资本主义100年所创造的物质财富超过了以往一切时代的总和。"资本主义100年的科技创新,同样也超过了过去一切时代的创新。中国因为错失工业革命契机,而失去了世界市场;英国通过机械化大生产,极大地降低了瓷器的生产成本;日本也在数个世纪的尝试之后树立起自己的文化品牌。技术创新,是一个产品保持市场竞争力的根本保障,也是社会持续发展的永恒动力,始终保持对科技创新的高度重视与支持,是成熟经济体的必然选择。

当前,伴随着全球化进程的不断加快,作为推动经济发展三驾马车之一的对外贸易快速发展,使我国全面融入全球经济循环体系,开放型经济体系逐步形成。同时,基于全球化生产而出现的社会化大分工，在推动生产效率提升的同时，也逐步暴露出世界贸易结构失衡的重大隐患，贸易保护主义为世界贸易带来巨大不确定性，贸易战阴云极大地影响着全球经济复苏。值此风雨之际，回首中日贸易千年历程，一块块瓷片印刻着历史的斑驳痕迹，那是千年海外贸易百转千回的深深烙印，是南北各大窑口兴衰轮替的独特见证。如何在更宽阔的历史长河中持续推动经贸稳步发展，唯有勇于变革创新，坚持开放包容。